발달이 걱정되는 아이를 위한
감각통합놀이

아이의 잠든 감각을 깨우고 가능성을 키우는 맞춤형 놀이 처방전

발달이 걱정되는 아이를 위한

감각통합 놀이

후지와라 사토미 지음
이은혜 옮김

시그마북스
Sigma Books

발달이 걱정되는 아이를 위한 감각통합놀이

발행일 2026년 2월 3일 초판 1쇄 발행
지은이 후지와라 사토미
옮긴이 이은혜
발행인 강학경
발행처 시그마북스
마케팅 정제용
에디터 양수진, 최연정, 최윤정
디자인 강경희, 정민애, 김문배

등록번호 제10-965호
주소 서울특별시 영등포구 양평로 22길 21 선유도코오롱디지털타워 A402호
전자우편 sigmabooks@spress.co.kr
홈페이지 http://www.sigmabooks.co.kr
전화 (02) 2062-5288~9
팩시밀리 (02) 323-4197
ISBN 979-11-6862-455-9 (03370)

HATTATSU GA KININARU KO NO KANKAKUTOGO ASOBI

本文デザイン　三輪明日香（Nicoli-Graphics）
カバーデザイン　松田剛、前田師秀（東京100ミリバールスタジオ）
カバー　1章イラスト おおたきょうこ
2～7章イラスト　藤田ヒロコ
編集協力　有限会社ヴュー企画

* 시그마북스는 ㈜시그마프레스의 단행본 브랜드입니다.

들어가며

"새로 눈뜬 기분이에요."

'감각통합'이라는 관점에서 아이의 문제 행동을 설명하면 이런 반응이 돌아올 때가 많습니다.

아이의 행동에는 반드시 이유가 있습니다. 과잉행동을 보이거나 공황 상태에 빠지는 아이에게도 분명 그럴 만한 이유가 있습니다. 감각통합은 그 이유가 감각을 느끼고 정보를 처리하는 기능이 제대로 작동하지 않기 때문이라는 관점을 제시합니다. 감각통합 관점에서 보면 '문제 있는 아이'가 아니라 '문제를 겪고 있는 아이'였던 겁니다. 감각통합은 '보이지 않는 장애'라고도 하는 발달장애 아이를 돕기 위해 우리가 꼭 알아 두어야 할 지식입니다.

저는 항상 아이를 바꾸려 하지 말고 주변 환경을 바꾸어야 한다고 이야기합니다. 그리고 아이를 바꿀 수 있는 유일한 방법이 있다면 그것은 단연코 '놀이'라고 생각합니다.

아이들은 재미있는 놀이를 통해 능동적이고 자발적으로 몸과 머리를 쓰면서 자신이 가진 능력을 발휘하고 발전시켜 나갑니다.

이 책은 아이가 마음 놓고 원하는 감각을 만끽해야 한다는 감각통합 관점을 중심에 두고 있습니다. 아이가 정서적으로 안정을 찾았다면 감각통합놀이를 즐기면서 조금씩 도전해 보고 성공 경험도 쌓아 보세요.

재미있게 놀았을 뿐인데 어느새 성장했다면 그야말로 최고의 방법이 아닐까요? 아이에게 어떻게 다가가야 할지 모르겠다면 일단 아이와 함께 재밌게 놀아 보세요. 문제 행동에 대한 걱정은 잠시 접어 두고 아이가 자신의 가능성을 키울 수 있는 놀이에 열중할 수 있게 도와주시길 바랍니다.

이 책의 1장 '이론 편'에서는 감각통합에 관한 이론을 알기 쉽게 설명했습니다. 또한 2장부터 등장하는 '놀이 편'에는 다양한 응용 놀이를 포함해 100가지가 넘는 놀이법을 담았습니다. 모든 아이에게 도움을 주고자 다양한 놀이법을 소개했으니 아이의 관심과 다양성에 맞추어 적절한 놀이를 골라 주세요.

생활 속 여기저기에 숨어 있는 놀이를 찾고 감각통합이 살아 있는 지혜가 되어 아이들의 생활이 더욱 풍요로워지기를 기원합니다. 아이를 이해하고 돕고자 하는 마음으로 이 책을 펼친 여러분이 아이들에게 행복한 미래를 만들어 주시길 기원합니다.

후지와라 사토미

구성 이해하기

제 1 장 이론 편

▶ 이론 편에서는 감각통합에 대한 기본적인 개념을 설명합니다.

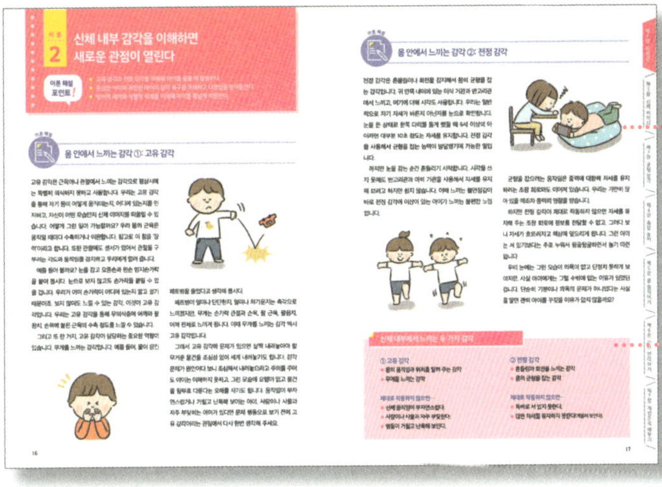

▶ 그림 설명과 표, 일러스트를 활용해서 감각통합 이론을 알기 쉽게 설명했습니다.

▶ 감각통합의 개념을 이해하면 이 책에서 소개하는 놀이를 더 효과적으로 활용할 수 있습니다.

제 2 장 ~ 제 7 장 놀이 편

▶ 보육이나 양육 현장에서 쉽게, 바로 활용할 수 있는 놀이법을 소개합니다.

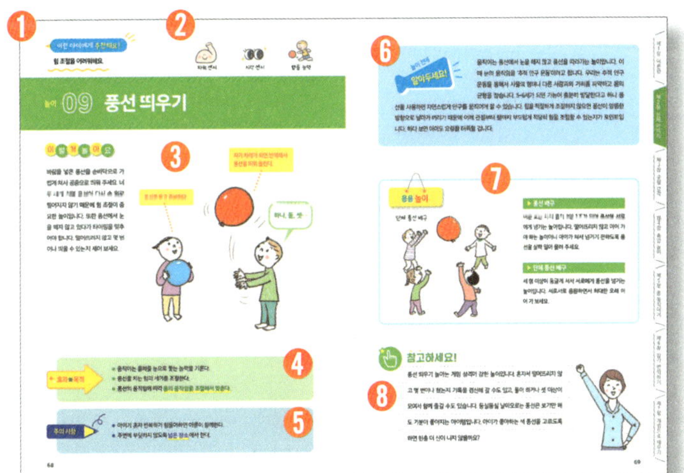

❶ **이런 아이에게 추천해요!**
어떤 아이에게 도움이 되는 놀이인지를 제시합니다.

❷ **능력 아이콘**
발달이 기대되는 능력을 제시합니다.

❸ **이렇게 놀아요**
놀이 진행 방법과 순서를 설명합니다.

❹ **효과와 목적**
놀이를 통해 얻을 수 있는 효과를 설명합니다.

❺ **주의 사항**
놀이 중에 주의해야 할 점을 설명합니다.

❻ **알아두세요!**
놀이 효과를 높일 수 있는 포인트를 설명합니다.

❼ **응용 놀이**
다채롭게 즐길 수 있는 응용 놀이법을 설명합니다.

❽ **참고하세요!**
놀이를 더욱 알차게 즐기기 위한 포인트와 보충 정보를 제공합니다.

50쪽에 있는 '놀이를 100% 즐기기 위한 사전 정보'도 확인해 주세요!

CONTENTS

제 3 장 놀이 편 균형 감각

제 4 장 놀이 편 촉감 놀이

제 5 장 놀이 편 몸 움직이기

제 6 장 놀이 편 감각 만끽하기

제 7 장 놀이 편 게임으로 배우기

놀이 중 지켜야 할 주의 사항

- 놀이 중에는 항상 어른이 아이의 모습을 지켜보고 안전에 유의해 주세요.
- 장난감이나 도구를 사용할 때는 잘못해서 삼키거나 찔리고 부딪힐 수 있습니다. 다치지 않게 각별한 주의가 필요합니다.
- 움직임이 많은 놀이를 할 때는 주변에 부딪힐 수 있는 물건이나 사람이 없는지 확인하고 평평한 곳에서 진행해 주세요. 추락 위험이 없는지도 주의해야 합니다.
- 어떤 동작이든 아이가 지나치게 흥분하지 않도록 상태를 지켜보면서 천천히 차근차근 시작해 주세요.
- 마사지할 때는 아이의 상태를 확인하면서 힘의 세기를 조절해 주세요.

제 1 장

이론 편

감각통합과 놀이에 관한 기초 지식

1장에서는 실제 보육 현장에서 일어나는 일과 아이의 행동을 통해 감각통합의 개념을 설명합니다.

이론 1

감각통합 관점으로 아이 행동에 감춰진 수수께끼를 푼다

이론 해설 포인트!

- 부적응 행동은 감각 영양분이 부족할 때 발생한다.
- 아이 행동의 이유를 찾을 때는 '빙산 모델'을 생각하라.
- 자신의 기준을 버리고 오감을 중심으로 아이를 지켜본다.

이론 해설

일상생활에서 우리 아이에게 일어나는 일들

빙글빙글 돌기, 흔들흔들 흔들기, 매달리고 기어오르기, 몸을 마음껏 움직이며 노는 놀이는 확실히 스릴 만점입니다. 아이들에게 이렇게 즐거운 놀이가 또 있을까요? 하지만 안타깝게도 요즘은 아이들에게 이런 재미를 만끽할 환경을 만들어 주기 어려운 시대가 되어 버렸습니다.

우리는 다양한 감각을 이용해 환경에서 정보를 얻어 살아갑니다. 얻은 정보를 정리하고 기억하거나 판단해서 자기 몸에 명령을 내리며 생활합니다. 그러다 보니 감각을 통해 정보를 얻는 경험이 부족한 아이는 자주 넘어지거나 다른 사람과 부딪치고 안절부절못하며 불안해하기도 합니다. 눈앞의 일에 집중하지 못하는 아이도 있고, 반대로 하던 일이 있으면 중간에 멈추지 못하는 아이도 있습니다. 언뜻 감각과는 전혀 상관없는 문제 행동으로 보이지만 사실 모두가 감각을 통해 얻은 정보가 부족해서 생기는 문제입니다.

이유는 감각이 '뇌의 영양분'이기 때문입니다. 따라서 아이들은 반드시 각자의 뇌 성장 단계에 맞는 감각(영양분)을 충분히 흡수해야 합니다.

아이들에게는 감각적 자극을 원하는 욕구, 즉 '감각 욕구'가 있습니다. 감각 욕구란 감각 영양분이 얼마나 필요한지를 보여주는 욕구입니다(18쪽 참고). 생리적 욕구와 같은 차원이라고 하니 먹고 자는 행동과 마찬가지로 매우 중요한 부분이라 할 수 있겠네요.

감각 욕구가 채워지지 않아서 정서가 불안해진 아이는 주변 사람들을 곤란하게 하는 행동을 자주 일으키게 됩니다. 그러니 아이가 원하는 감각 욕구를 충분히 채울 수 있는 환경부터 만들어 주어야 합니다.

지식·학습

주변 사람을 곤란하게 해서 한시도 눈을 뗄 수 없는 아이가 늘어난 이유

일본 문부과학성은 2022년 12월 '특별 교육 지원이 필요한 일반 학급 아동에 관한 조사' 결과를 발표했습니다. 결과에 따르면 일반 초등학교와 중학교에 다니는 아이 중 8.8%가 정보를 학습하거나 행동하는 일에서 어려움을 보였다고 합니다.

이는 2012년에 발표한 직전 조사 결과보다 2.3%p나 늘어난 수치입니다. 심지어 초등학생만 놓고 보면 해당 비율이 10.4%에 달했습니다. 이 결과는 영유아 교육·보육 현장에도 학습과 행동에 어려움을 느끼는 아이가 그만큼 존재한다는 뜻이기도 합니다.

수치가 늘어난 원인은 다양하겠지만, 앞에서 말했듯이 아이들을 둘러싼 놀이 환경의 변화도 하나의 원인일 수 있습니다. 아마 여러분도 이미 느끼셨을 겁니다.

하지만 그렇다고 과거 환경으로 되돌아갈 수도 없으니, 결국 어른들이 열심히 고민해서 아이들 뇌에 '감각'이라는 영양분을 공급하고 뇌를 성장시킬 아이디어를 찾아야 하지 않을까요? 지금부터 아이들을 둘러싼 생활환경과 놀이 환경, 뇌의 발달 과정을 '감각통합'이라는 관점에서 다시 생각해 봅시다.

아이디어·제안

문제 행동의 이유를 찾을 때는 '빙산 모델'을 생각해 주세요

아이가 주변 사람을 곤란하게 하는 행동을 할 때는 반드시 이유가 있습니다. 이유 없는 문제 행동은 절대 존재하지 않습니다. '아이가 왜 그럴까'를 생각할 때는 먼저 '빙산 모델'을 떠올려 보세요. 빙산 모델은 문제 행동의 배경이 되는 근본적인 원인이나 요인을 이해하기 위한 모델입니다. 빙산은 바다 위에 떠 있는 얼음덩어리고, 우리 눈에 보이는 부분은 바다 위로 드러난 일부분뿐입니다. 일부분만 봐서는 원인도 알 수 없고 당연히 해결책도 찾을 수 없지 않을까요?

표면적으로 보이는 행동만이 아니라 행동 뒤에 숨은 보이지 않는 요인과 배경에 초점을 맞추어야 합니다. 바다 아래 잠겨 있는 얼음덩어리(원인)에서 문제 행동의 원인을 찾아내고 대책을 생각해 주세요.

일반적으로 우리는 아이가 문제 행동을 일으키면 '어떻게 멈추게 할까'를 생각하게 됩니다. 하지만 그보다 먼저 '왜 이런 행동을 할까?'를 생각해 보세요. 빙산 모델을 활용해서 원인에 대한 가설을 세우면 더 효과적으로 대책을 검토할 수 있습니다.

이론 해설

'감각통합'을 중심으로 생각해 보세요

걱정이 되는 아이의 말과 행동에 어떤 배경이 있는지를 생각할 때는 다양한 관점에서 바라봐야 합니다. 이 책은 그중 '감각통합' 관점에서 문제를 다루고 있습니다. '감각통합'이란 쉽게 말해 감각 정보의 흐름을 '교통정리'하는 일이라고 생각해 주세요.

우리는 감각통합 기능을 이용해서 때와 장소에 맞추어 감각을 조절하고 상황에 집중합니다. 주변 상황을 파악하고 고려해서 행동(자기 신체 파악, 도구 사용, 다른 사람과의 소통 등)할 수 있습니다.

하지만 감각통합 기능에 문제가 생기면 상황에 맞는 행동을 하지 못하게 됩니다. 아이의 행동을 살펴볼 때는 감각 정보가 잘 전해지고 있는지, 즉 교통정리가 잘 되고 있는지를 생각해 보세요.

지식·학습

놓치기 쉬운 감각통합

감각통합 문제는 발달장애 유무나 지적 성장 정도와 상관없이 모든 아이에게 일어날 수 있습니다. 눈에 보이지 않는다는 점에서 매우 까다로운 부분입니다.

감각통합에 문제가 있는 아이는 게으르거나 참을성 없고, 버르장머리 없는 아이로 종종 오해받기도 합니다. 감각의 문제이니 여러 번 주의를 주어도 상황은 좀처럼 나아지지 않습니다. 그뿐만 아니라 할 수 없는 일을 두고 계속 노력해야 하는 아이 역시 차츰 자신감이 떨어지고 의욕을 잃게 됩니다.

이런 사태를 피하려면 주변에서 아이가 왜 하지 못하는지를 이해하고 교육적으로 배려하면서 적절히 도움을 주어야 합니다. 그래야 아이도, 어른도, 스트레스를 줄일 수 있습니다.

아이디어·제안

생활 속 오감에 주목해 주세요

'감각'이라는 말을 들으면 우선 시각, 청각, 후각, 미각, 촉각과 같은 '오감'을 떠올리게 됩니다. 우리는 오감을 통해 기분 좋은 감각을 느낌으로써 주변 세상을 이해하고 마음 놓고 생활할 수 있습니다. 다시 말해 오감을 통해 감각을 제대로 느끼지 못하면 안심하고 생활할 수 없다는 뜻이기도 합니다.

그러니 먼저 오감을 통해 기분 좋은 감각을 느낄 수 있는 환경부터 만들어 주세요. 주변 세상을 이해하고 안심할 수 있으면 아이도 옆에서 벌어지는 일에 적극적으로 참여하려 할 겁니다. 아이가 감각 자극에 불안을 느껴서 제대로 받아들이지 못하면 12쪽에서 설명했듯이 '뇌의 영양분'이 부족해지고 주변 세상을 이해하지 못하게 됩니다.

아이가 자신의 감각 상태에 맞추어 안심하고 세상으로 나가 뇌 영양분을 마음껏 흡수할 수 있도록 도와줄 방법을 생각해 봅시다.

mini column

샤워기 물이 너무 아파요

수영장에 들어가기 전에 샤워하기 싫다고 강하게 거부하는 5세 아이 A에게 물었던 적이 있습니다. "샤워하면 아프지?" 아이는 아프다고 분명하게 대답했습니다. 다시 "얼마나 아파?"라고 묻자 아이가 그러더군요. "바늘로 찌르는 것 같아요."

샤워기 물이 바늘로 찌르는 것처럼 아프게 느껴질 정도로 촉각이 예민한 아이도 있습니다. 아이를 대할 때는 지금까지 자신이 가졌던 기준을 버리고 상상해야 한다는 점을 잊지 마세요.

아이가 문제 행동을 일으키는 원인은 우리 기준의 밖에 있습니다. A의 경우는 대야에 물을 떠서 손으로 끼얹는 방법으로 땀을 닦고 수영장에 들어갈 수 있었습니다. 원인을 알면 도와줄 방법도 보인답니다.

이론 2

신체 내부 감각을 이해하면 새로운 관점이 열린다

이론 해설 포인트!

- 고유 감각과 전정 감각을 이해해 아이를 돌볼 때 활용한다.
- 둔감한 아이와 예민한 아이의 감각 욕구를 이해하고 다양성을 받아들인다.
- 방어적 체계와 식별적 체계를 이해해 아이를 폭넓게 지원한다.

이론 해설

몸 안에서 느끼는 감각 ①: 고유 감각

고유 감각은 근육이나 관절에서 느끼는 감각으로 평상시에는 특별히 의식하지 못하고 사용합니다. 우리는 고유 감각을 통해 자기 몸이 어떻게 움직이는지, 어디에 있는지를 인지하고, 자신이 어떤 모습인지 신체 이미지를 떠올릴 수 있습니다. 어떻게 그런 일이 가능할까요? 우리 몸의 근육은 움직일 때마다 수축하거나 이완합니다. 참고로 이 힘을 '장력'이라고 합니다. 또한 관절에도 센서가 있어서 관절을 구부리는 각도와 움직임을 감지하고 우리에게 알려 줍니다.

예를 들어 볼까요? 눈을 감고 오른손과 왼손 엄지손가락을 붙여 봅시다. 눈으로 보지 않고도 손가락을 붙일 수 있을 겁니다. 우리가 이미 손가락이 어디에 있는지 알고 있기 때문이죠. 보지 않아도 느낄 수 있는 감각, 이것이 고유 감각입니다. 우리는 고유 감각을 통해 무의식중에 어깨와 팔꿈치, 손목에 붙은 근육의 수축 정도를 느낄 수 있습니다.

그리고 또 한 가지, 고유 감각이 담당하는 중요한 역할이 있습니다. 무게를 느끼는 감각입니다. 예를 들어, 물이 담긴 페트병을 들었다고 생각해 봅시다.

페트병이 얼마나 단단한지, 얼마나 차가운지는 촉각으로 느끼겠지만, 무게는 손가락 관절과 손목, 팔 근육, 팔꿈치, 어깨 전체로 느끼게 됩니다. 이때 무게를 느끼는 감각 역시 고유 감각입니다.

그래서 고유 감각에 문제가 있으면 살짝 내려놓아야 할 무거운 물건을 조심성 없이 세게 내려놓기도 합니다. 감각 문제가 원인이다 보니 조심해서 내려놓으라고 주의를 주어도 아이는 이해하지 못하고, 그런 모습에 요령이 없고 물건을 함부로 다룬다는 오해를 사기도 합니다. 움직임이 부자연스럽거나 거칠고 난폭해 보이는 아이, 사람이나 사물과 자주 부딪히는 아이가 있다면 문제 행동으로 보기 전에 고유 감각이라는 관점에서 다시 한번 생각해 주세요.

이론 해설

몸 안에서 느끼는 감각 ②: 전정 감각

전정 감각은 흔들림이나 회전을 감지해서 몸의 균형을 잡는 감각입니다. 귀 안쪽 내이에 있는 이석 기관과 반고리관에서 느끼고, 여기에 더해 시각도 사용합니다. 우리는 일반적으로 자기 자세가 바른지 아닌지를 눈으로 확인합니다. 눈을 뜬 상태로 한쪽 다리를 들게 했을 때 6세 이상의 아이라면 대부분 10초 정도는 자세를 유지합니다. 전정 감각을 사용해서 균형을 잡는 능력이 발달했기에 가능한 일입니다.

하지만 눈을 감는 순간 흔들리기 시작합니다. 시각을 쓰지 못해도 반고리관과 이석 기관을 사용해서 자세를 유지해 보려고 하지만 쉽지 않습니다. 이때 느끼는 불안정감이 바로 전정 감각에 이상이 있는 아이가 느끼는 불편한 느낌입니다.

균형을 잡으려는 움직임은 중력에 대항해 자세를 유지하려는 조정 회로와도 이어져 있습니다. 우리는 가만히 앉아 있을 때조차 중력의 영향을 받습니다.

하지만 전정 감각이 제대로 작동하지 않으면 자세를 유지해 주는 조정 회로에 정보를 전달할 수 없고, 그러다 보니 자세가 흐트러지고 책상에 엎드리게 됩니다. 그런 아이는 서 있기보다는 주로 누워서 뒹굴뒹굴하면서 놀기 마련입니다.

우리 눈에는 그런 모습이 의욕이 없고 단정치 못하게 보이지만, 사실 아이에게는 그럴 수밖에 없는 이유가 있었던 겁니다. 단순히 기분이나 의욕의 문제가 아니었다는 사실을 알면 괜히 아이를 꾸짖을 이유가 없지 않을까요?

신체 내부에서 느끼는 두 가지 감각

① 고유 감각

- 몸의 움직임과 위치를 알려 주는 감각
- 무게를 느끼는 감각

제대로 작동하지 않으면…

- 신체 움직임이 부자연스럽다.
- 사람이나 사물과 자주 부딪힌다.
- 행동이 거칠고 난폭해 보인다.

② 전정 감각

- 흔들림과 회전을 느끼는 감각
- 몸의 균형을 잡는 감각

제대로 작동하지 않으면…

- 똑바로 서 있지 못한다.
- 앉은 자세를 유지하지 못한다(게을러 보인다).

지식·학습

우리 몸의 감각 이상: 둔감과 예민

감각 불균형은 크게 두 가지로 나눌 수 있습니다. ① 감각을 너무 강하게 느끼는 예민한 유형과 ② 감각을 느끼는 정도가 너무 약한 둔감한 유형입니다. 두 유형 모두 불균형 정도가 심해지면 부적응 행동을 일으킬 수 있습니다.

감각	예민	둔감
고유 감각	• 몸에 힘을 제대로 주지 못한다.	• 과잉행동을 보이거나 계속 폴짝폴짝 뛰며 산만하게 군다. • 계속 안절부절못한다.
전정 감각	• 움직이기 싫어하고 자주 넘어진다. • 그네를 타거나 계단을 내려오는 일을 무서워한다.	• 뛰어다니거나 빙글빙글 돌면서 산만하게 군다. • 높은 곳에 올라가거나 여기저기 자주 부딪친다.
촉각	• 모래나 접착제를 만지지 못한다. • 옷이 조금이라도 더러워지면 갈아입으려 한다. • 신체검사를 싫어한다.	• 무조건 입에 넣는다. • 손톱이나 피부를 물어뜯는다. • 아파하지 않는다.
청각	• 특정 소리를 무서워한다. • 귀를 막는 행동을 자주 한다.	• 불러도 반응이 없다. • 이상한 소리를 낸다.
시각	• 여기저기 두리번거리며 집중하지 못한다.	• 한 곳을 오래 보지 못한다. • 움직이는 물체를 눈으로 쫓지 못한다.
미각	• 특정 음식만 먹는다.	• 아무거나 다 먹는다.
후각	• 냄새가 나면 좋아하거나 불안해한다.	• 무엇이든 냄새를 맡고 입에 넣는다.

쉽게 말해 둔감한 아이는 감각을 받아들이는 그릇이 원래 크다고 생각하면 됩니다. 그릇이 커서 채울 감각 자극이 항상 부족한 상태입니다. 반면 예민한 아이는 그릇이 작아서 감각 자극이 금세 넘쳐 버립니다. 이때 그릇을 채우고 싶어 하는 욕구, 이것이 '감각 욕구'입니다. 어른은 아이의 감각 욕구와 아이가 가진 그릇에 맞는 감각 자극을 제공해 주어야 합니다.

12쪽에서 설명했듯이 감각 욕구는 생리적 욕구와 같은 수준의 욕구인 만큼 채워지지 않으면 불쾌감을 느끼거나 컨디션이 나빠집니다. 그런 상태가 계속되면 부적응 행동으로 이어질 수밖에 없지 않을까요?

실제로 고유 감각이나 전정 감각이 둔한 아이는 감각 욕구를 채우기 위해 가만히 있지 못하고 계속 움직이는(과잉행동) 경향이 있습니다. 그러니 아이의 행동을 막을 방법보다는 아이에게 맞는 감각 욕구를 적절히 채워 줄 방법을 고민해 보세요.

아이의 몸과 마음이 안정을 찾으면 부적응 행동을 예방할 수 있습니다.

둔감한 타입
(감각 자극이 부족하다)

예민한 타입
(감각 자극이 넘친다)

아이가 예민하다면 식별적 체계를 키워 주세요

이번에는 촉각 관점에서 감각이 예민한 아이를 이해하고 도와줄 방법을 살펴봅시다.

우리 몸 전체 피부와 점막에는 촉각 센서(수용기)가 달려 있습니다. 감각에는 '방어적·본능적 기능'과 '인지적·식별적 기능'이 있으며, 특히 촉각은 이 두 가지 기능을 모두 가지고 있습니다.

촉각의 방어적 체계는 태어나자마자 바로 작동하는 '흡철 반사' 행동으로 설명할 수 있습니다. 흡철 반사는 아기 입에 젖을 물리면 저절로 빠는 반사 행동이며 생존을 위한 기능입니다.

또한 입에 넣었을 때 위험하다고 느끼면 뱉어 내는 '자기 방어 행동'도 스스로 목숨을 지키기 위한 방어적 체계가 작동하기 때문에 나타납니다. 사람은 방어적 체계 회로를 사용하지 않고는 살아갈 수 없는 존재입니다. 즉, 방어적 체계는 생존형 감각입니다.

감각의 두 가지 기능

방어적·본능적 기능

▶ 방어적 체계(방어적으로 작동하는 회로)
태어나자마자 생존을 위해 바로 작동하는 회로

인지적·식별적 기능

▶ 식별적 체계(인지한 정보에 따라 작동하는 회로)
생후 3개월쯤부터 발달하기 시작하며 능동적으로 세상을 알아 가기 위해 작동하는 회로

그러다 생후 3개월쯤 지나면 방어적 체계를 바탕으로 식별적 체계 회로가 발달하기 시작합니다. 물건을 쥐여 주면 꽉 움켜잡는 '파악 반사' 행동을 시작으로 손과 손가락이 펴지고 자유롭게 움직이게 됩니다. 아기가 물건에 호기심을 가지고 관찰하기 시작하면 자신을 둘러싼 세상을 파악하려는 기능이 작동합니다.

방어적 체계 반사
(등 뒤에서 갑자기 만지면 몸이 굳는다)

그때부터는 몸속 회로가 방어적 체계보다는 식별적 체계를 중심으로 돌아가게 됩니다. 생후 반년 정도까지는 무조건 입으로 가져가고 보고 만지면서 자신과 세상을 연결해 가지만, 커 가면서 점차 일상생활 중에는 방어적 체계가 드러나지 않게 됩니다. 물론 그렇다고 해서 방어적 체계의 반사 작용이 완전히 사라지지는 않습니다. 누군가가 등 뒤에서 갑자기 만지면 몸이 굳는 반응처럼 필요할 때는 나타납니다.

촉각이 예민한 아이는 방어적 체계 회로가 다른 아이들보다 더 활발히 돌아갑니다. 반면 식별적 체계는 미성숙한 탓에 방어적 체계와 식별적 체계의 균형이 맞지 않는 상태입니다. 어른들은 아이가 예민하게 반응하는 부분에만 신경 쓰기 마련이지만, 식별적 체계 발달에도 관심이 필요합니다.

지식·학습

식별적 체계를 발달시키려면…

방어적 체계가 더 강하게 작동하는 예민한 아이에게는 반복해서 몸으로 익히게 하거나 참게 하는 방법은 그다지 효과적이지 않습니다. 편식도 마찬가지입니다. 아이마다 정도의 차이는 있겠지만 "딱 한입만 먹자"라는 말로 먹을 수 있는 음식의 폭이 넓어지는 아이도 있고, 그 한마디로 다음 날부터 어린이집에 가지 못하게 되는 아이도 있습니다. 자신의 기준으로 생각하지 말고 먼저 아이의 예민함이 어느 정도인지 파악해 주세요.

식별적 체계를 발달시키려면 우선 아이가 자기 주변에 흥미와 관심을 가지고 궁금해하면서 만지고 싶고, 입에 넣어 보고 싶게 만들어야 합니다. 평소 아이가 어떤 물건을 만지고, 보고, 듣는지 찬찬히 지켜보세요. 그 물건과 비슷한 형태나 소재를 가진 물건을 준비해서 아이가 스스로 만지고, 해 보고 싶어 하는 환경을 만들어 주어야 합니다. 식별적 체계는 안심하고 마음 놓을 수 있어야 발달한다는 점을 잊지 마세요.

지식·학습

예민한 아이를 대하는 마음가짐

감각이 예민한 아이라면 아이가 싫어하는 감각 자극을 최대한 피해야 합니다. 목소리를 낮추어서 말을 걸거나 귀마개 같은 도구를 사용해서 소리 자극을 줄여 주고, 액체 풀을 쓰지 못하는 아이에게는 고체 풀을 쓰게 해 주세요. 자극을 차단할 수 있는 휴식 공간을 만들어 주거나 마스크로 냄새를 막아 주는 방법도 있습니다. 여러 방향으로 고민해서 아이가 안심할 수 있는 환경을 만들어 주세요(25쪽 참고). 억지로 익숙해지게 만들려고 하다가는 오히려 더 불안해하고 예민해질 수 있습니다.

고유 감각과 전정 감각이 예민한 아이 중에는 움직이는 것 자체를 싫어하는 아이도 많습니다. 아이를 억지로 움직이게 하기보다는 아이가 흥미를 느끼고 끌려서 스스로 움직이게 할 방법을 찾아 주세요. 이때 아이가 선호하고 마음을 안정시키는 감각 자극을 활용하면 효과를 높일 수 있습니다.

아이디어·제안

사례 분석: 자극에서 탈출하기

4세 아이 B는 항상 보육실 구석에 멍하니 앉아만 있었습니다. 놀지 않고 가만히 있는 모습도 걱정이었지만, 그러다 갑자기 짜증을 내거나 아무 말 없이 보육실에서 휙 나가 버리기도 했습니다. 제 눈에는 B가 보육실 안에 감각을 자극하는 요인이 너무 많아서 아예 생각을 차단하고 감각 자극을 피하려는 것처럼 보였습니다. 짜증도 갑자기 화를 내는 것처럼 보이지만 사실은 조금씩 스트레스가 쌓인 결과였을 겁니다.

저는 복도에 혼자 있을 수 있는 작은 공간을 만들었습니다. B에게 그 안에 좋아하는 장난감을 가져다 두고 언제든지 그곳에서 쉬어도 좋다고 알려 주었습니다. 처음에는 어른이 적당히 이끌어 주어야 했지만, 차츰 B가 스스로 공간을 활용하기 시작했습니다. 그러자 짜증을 내는 일이 줄어들고 때로는 보육실에서 얌전히 색칠 공부를 하기도 했습니다.

감각 자극을 피해 아이가 탈출할 수 있는 장소를 만들어 주면 정서정 안정은 물론, 교실에서 노는 시간도 늘릴 수 있습니다.

지식·학습

둔감한 아이를 대하는 마음가짐: 감각 욕구 관점

감각이 둔한 아이에게는 감각을 충분히 느낄 수 있게 해 주어야 합니다.

아이가 좋아하는 감각을 만족할 만큼 충분히 느끼는 일이 중요합니다. 이 책에서 소개하는 감각통합놀이를 활용해 보세요. 도움이 되실 겁니다. 여기에 더해 안심하고 만질 수 있는 물건이나 입에 넣어도 괜찮은 물건, 소리가 나는 물건, 냄새를 맡을 수 있는 물건, 눈으로 보고 즐길 수 있는 물건을 이용하면 효과를 더욱 높일 수 있습니다.

시각이나 청각이 둔해서 어른이 하는 행동에 반응을 보이지 않는 아이가 있다면 주의를 끌 수 있도록 일대일로 눈을 맞추거나 가볍게 몸을 터치하면서 말을 건네 보세요.

아이디어·제안

사례 분석: 무거운 가방 메기

이상한 소리를 내거나 다른 사람을 밀치고 다니는 2세 아이 C를 유심히 지켜봤더니 고유 감각이 둔해 보였습니다. 일반적인 행동으로는 감각 욕구가 채워지지 않아서 불만인 듯했습니다.

저는 아이의 고유 감각을 자극하기 위해 500밀리리터 생수병 두 개를 가방에 넣고 C에게 메도록 했습니다. 아이가 싫어했으면 그만두었겠지만, 다행히도 C는 가방을 메자 금세 표정이 밝아졌습니다. 무거운 가방이 눌러 주는 자극이 C의 고유 감각을 채워 주었던 겁니다.

또한 가방으로 자극이 충분하지 않을 수 있으니 그 후에도 마사지나 몸을 흔들며 놀 수 있는 놀이를 하면서 고유 감각과 전정 감각을 채울 수 있도록 도와주었습니다. 그러자 이상한 소리를 내거나 다른 사람을 밀치는 행동은 지연스레 사라졌습니다. 과잉행동을 보이는 경향이 있고 자주 화를 내는 아이가 있다면 고유 감각과 전정 감각을 함께 느끼게 하는 방법을 활용해 보세요. 무거운 물건을 넣은 가방이나 마사지는 비용 대비 큰 효과를 볼 수 있는 방법입니다.

이론 3

아이는 놀면서 성장한다

이론 해설 포인트!

- 아이는 놀면서 성장한다.
- 아이를 바꾸려 하지 마라(사회 모델).
- 각성 수준의 이해와 활용: 교감신경과 부교감신경의 균형에 주목하라.

이론 해설

놀다 보니 성장했다면 이보다 좋을 수 있을까?

재밌게 놀았을 뿐인데 아이가 변했다.

- 선생님 말씀에 집중한다.
- 차분하게 앉아 있다.
- 여기저기 부딪치지 않는다.
- 손을 보면서 혼자 옷을 갈아입는다.
- 소리를 무서워하지 않는다.

그 결과 아이가 선생님께 칭찬을 듬뿍 받았다. 그저 아이와 재밌게 놀았을 뿐인데 지금까지 곤란을 겪었던 문제가 해결되고 생활하기 편해졌다.

어떠신가요? 이보다 더 좋은 상황이 있을까요?

다만 이때 반드시 명심해야 할 점이 있습니다. '아이의 문제 행동을 해결하기 위해서'라는 생각은 절대 하지 마세요.

핵심은 '재밌게 놀기'에 있습니다. '재밌게 놀다 보니 아이의 문제 행동이 줄어들었다. 얼마나 다행인가'라고 생각하는 감각이 중요합니다. 느긋하고 너그러운 마음으로 아이와 함께 놀아 주세요.

특히 감각통합놀이는 아이에게 기분 좋은 감각 자극을 채워 주기 때문에 정서적 안정에도 큰 도움이 됩니다. 아이가 싫어하는 감각 자극은 피하는 놀이인 만큼 마음 놓고 편안하게 놀 수 있습니다. 무언가를 배우고 익히는 일보다 심리적 안정감을 높이는 일이 먼저라는 점을 명심하세요.

아이가 놀이를 통해서 자신이 지금 이대로 안심하고 존재해도 괜찮다는 사실을 실감하면 문제 행동은 반드시 줄어듭니다.

지식·학습

아이를 바꾸지 말고 주변 환경을 바꾸어 주세요

놀이를 통해 아이를 성장시키는 동시에 아이 상태에 맞추어 환경을 정비하고, 새로운 접근 방식을 궁리하는 일 또한 매우 중요합니다.

저는 절대 아이를 바꾸려 해서는 안 된다고 생각합니다. 놀이가 아닌 다른 방법으로 아이를 바꾸려 하면 스트레스를 받아서 결국 어른과 아이 둘 다 피곤해질 뿐이라는 사실을 잘 알고 있기 때문입니다.

아이가 아니라 사회를 바꾸어야 합니다. 이러한 개념을 '사회 모델'이라고 합니다. 예를 들면, 앞서 설명했던 감각 욕구가 강한 아이에게는 적당히 무게가 있는 물건을 넣은 가방을 메게 하고, 바른 자세를 유지하지 못하거나 오래 앉아 있지 못하는 아이에게는 의자를 바꾸어 주는 식입니다.

감각이 예민한 아이에게는 자극에서 탈출해 숨을 수 있는 장소를 마련해 주세요. 놀이를 통해 아이의 감각을 발달시키는 동시에 사회 모델 개념까지 활용하면 주변 사람을 곤란하게 하던 아이의 행동을 확실하게 줄일 수 있습니다.

의자에 활용할 수 있는 아이디어

고무공을 넣은 방석을 깔아 준다

일명 탱탱볼이라고 부르는 작은 고무공을 넣은 방석을 의자에 깔아 주세요. 엉덩이와 허벅지에 딱딱한 고무공의 감촉이 느껴지면 감각 욕구가 채워져 더 오래 앉아 있게 됩니다.

허리를 앞으로 당겨 앉게 한다

자세가 흐트러지지 않도록 의자 등받이와 아이 등 사이에 돌기가 튀어나온 물건이나 쿠션을 대 주세요.

허리를 앞으로 당겨 앉으면 자세를 바로잡을 수 있고 손을 움직이기도 편해집니다.

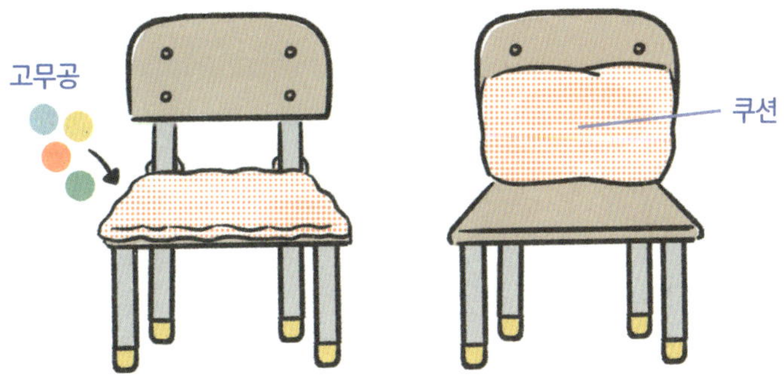

지식·학습

각성 수준에 따른 아이의 상태를 확인하세요

아이가 시간이 지나도 흥분을 가라앉히지 못하고 계속 돌아다니거나 반대로 멍하니 앉아서 좀처럼 움직이려 하지 않는다면 각성 수준과 관련이 있을 가능성이 큽니다. 각성 수준은 뇌가 깨어 있는 상태를 의미하며 각성 수준이 높으면 흥분 상태, 낮으면 몽롱한 상태가 됩니다.

각성 수준은 감각이 자극을 받으면 올라가고 자극이 없는 상태가 되면 내려갑니다. 우리는 평소 그때그때 상황에 맞추어 각성 수준을 조절해서 적절하게 행동합니다.

하지만 각성 수준을 제대로 조절하지 못하는 아이는 흥분을 가라앉히지 못해 산만해 보이거나 항상 멍하니 앉아서 어른 말을 듣지 않는 무심한 아이로 보일 수 있습니다. 이 또한 감각통합 능력이 미성숙해서 나타나는 행동일 수 있다는 점을 잊지 마세요. 스스로 조절하지 못하는 아이에게는 어른의 배려가 필요합니다.

〈각성 수준〉

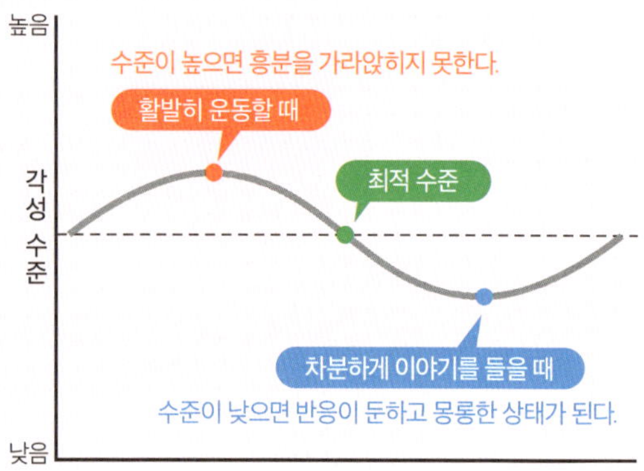

아이디어·제안

사례 분석: 마사지로 고유 감각을 자극하기

2세 아이 D는 항상 각성 수준이 낮아서 멍한 상태로 어린이집에 오고는 했습니다. 어린이집에 와서도 한참을 놀지 않고 가만히 앉아만 있었습니다.

저는 D의 각성 수준을 높이기 위해 손이나 팔을 만져 주었습니다. 다행히 D가 신체 접촉을 싫어하지 않아서 살짝 힘을 주어 마사지하면서 고유 감각을 자극해 줄 수 있었습니다. 그렇게 잠시 주물러 주면 눈이 초롱초롱 빛나고 표정이 밝아졌습니다. 그때 블록을 가져다주니 자연스레 놀기 시작하더군요. 아이의 각성 수준이 낮을 때는 어른이 먼저 배려해 주어야 합니다.

아이디어·제안

정보 정리와 환경 정비

① 정보량 조절하기

감각이 예민한 아이는 들리는 소리나 눈에 보이는 것에서 필요 이상으로 강한 자극을 느낍니다. 때로는 강한 자극 때문에 스트레스를 받거나 불안을 느끼고 흥분해서 안절부절 못하기도 합니다. 따라서 보육실 안은 되도록 자극이 될 요인을 줄여서 정보량을 조절해 주세요.

정보량을 조절할 때는 칸막이를 이용해서 가리는 방법이 효과적입니다. 장난감 선반도 사용하지 않을 때는 천으로 가려 두고, 아이들이 그린 그림이나 만든 작품은 복도에 전시해 둡니다.

② '쿨다운' 공간 만들기

요즘은 여럿이 함께 있는 상황을 못 견디는 아이를 위해서 혼자 있을 수 있는 공간을 마련해 둔 어린이집도 많습니다.

보육실 안에는 수업 중에 아이가 혼자 있을 수 있는 공간을 만들고, 보육실 밖에는 복도나 계단참에 있는 자투리 공간을 활용해서 아이가 마음을 진정시킬 장소를 마련해 두면 어떨까요?

이 공간을 낮잠 시간 전에 각성 수준을 낮추는 장소로 사용하거나 반대로 낮잠을 자고 일어났을 때 각성 수준을 올리는 장소로 활용하면 아이가 낮잠 시간에 불안해하거나 짜증을 내는 일을 줄일 수 있습니다. 어떤 목적으로 사용할지 확실하게 정한 뒤에 활용 여부를 검토해 보세요.

③ 개인 공간 확보하기

감각이 예민한 아이는 다른 사람과 접촉하기를 꺼리는 경향이 있습니다. 어쩔 수 없이 다른 사람과 함께 있어야 할 때는 공간을 시각적으로 분리해서 개인 공간을 확보해 주세요. 표시를 해 두거나 방석을 깔아서 여기가 아이의 자리라는 확신을 심어 주면 아이도 마음을 놓게 됩니다. 예민한 정도가 심한 아이라면 큰 방석을 사용해서 공간을 크게 확보할 수 있도록 배려해 주세요.

④ 다른 사람과 부딪히지 않도록 배려하기

다른 사람과 부딪히면 감각이 자극을 받아서 쉽게 각성 수준이 올라가는 아이에게도 개인 공간이 필요합니다.

차례를 기다려야 할 때는 대기 장소를 명확하게 구분해서 다른 아이와 떨어져 있다는 사실을 확실하게 알게 해 주세요. 4세 이상 아이에게는 팔을 앞으로 뻗었을 때의 거리감을 인지할 수 있도록 적극적으로 가르쳐 주어야 합니다.

mini column

에드워드 홀의 '대인 거리'

- 밀접 거리: 매우 친한 사람에게 허용하는 공간
  - · 근접 거리(0~15cm): 포옹할 수 있는 거리(가장 친한 사람에게만 허용 가능)
  - · 원거리(15~45cm): 바로 상대에게 닿을 수 있는 거리(속삭일 수 있다.)
- 개인적 거리: 상대의 표정을 읽을 수 있는 공간
  - · 근접 거리(45~75cm): 상대를 붙잡을 수 있는 거리(친하지 않으면 거부감을 느낀다.)
  - · 원거리(75~120cm): 서로가 손을 뻗으면 손끝이 닿는 거리(개인적인 대화를 할 때)

지식·학습

아이에게 다가갈 방법을 궁리해 보세요

저도 모르게 자꾸만 몸을 움직이는 아이에게는 마사지가 효과적입니다.

앉아 있을 때 아이가 무의식중에 다리를 흔든다면 아이의 다리를 마사지해 주세요. 움직이는 부위야말로 감각 자극이 필요한 부분입니다. 손 전체를 써서 꾹꾹 누르거나 엄지손가락으로 특정 부분을 리듬감 있게 압박해서 자극해 보세요. 세기는 아이가 기분 좋게 느낄 수 있는 정도가 적당합니다. 기분이 좋은지 아이에게 물어보면서 마사지해 주세요.

또한 충동적으로 갑자기 움직이는 아이도 고유 감각을 자극해 주어야 합니다. 방어적 체계(19쪽 참고)가 활발하게 작동해서 뇌가 흥분한 상태일 테니 근육이나 관절 쪽으로 주의를 돌려 주세요. 뇌와 감각이 아직 충분히 발달하지 않아서 금방은 괜찮아지지 않을 수도 있지만, 마사지를 활용해서 아이가 마음을 가라앉히는 경험을 쌓아 갈 수 있게 도와주시길 바랍니다.

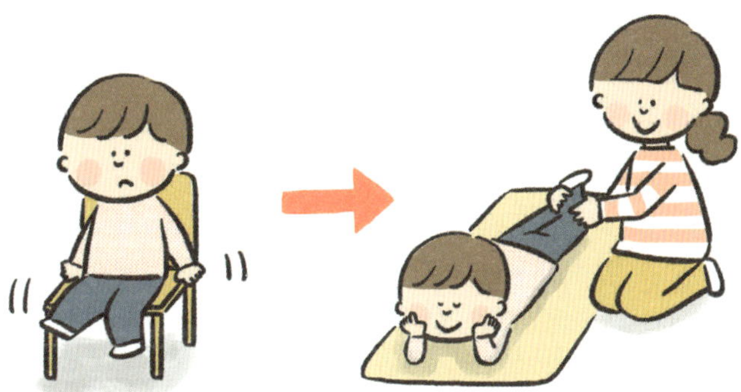

아이디어·제안

사례 분석: 흥분한 아이 진정시키기

5세 아이 E는 종종 쉽게 흥분했습니다. 흥분한 E에게 영향을 받아 반 전체가 술렁이기도 하고, 자유 놀이 시간에는 싸움이 벌어지기도 했습니다. 저는 E에게 마음이 불안해서 가만히 있을 수 없을 때는 이렇게 해 보라고 가르쳐 주었습니다.

- 좋아하는 퍼즐을 맞춘다.
- 선생님께 마사지해 달라고 말한다.
- 좋아하는 기차 책을 읽는다.

그리고 흥분했을 때 어떻게 하면 기분을 가라앉힐 수 있을지도 아이와 함께 생각했습니다. '감정 온도계*'를 활용해서 아이의 상태를 파악하고 적절한 기술을 사용하도록 도왔습니다.

그러자 E는 흥분하기 전에 스스로 감정을 누르는 기술을 터득하고 자연스럽게 어른에게 도움을 요청하기도 했습니다. 아이가 성공 경험을 쌓아 갔던 점도 좋았지만, 특히 어른에게 도움을 요청해서 해결책을 찾는 과정이 얼마나 중요한지 알게 된 사례였습니다.

* 감정 온도계: '평온해요', '평범해요', '즐겁지 않아요', '화가 나요', '폭발 직전이에요'와 같이 감정의 단계를 시각적으로 표현한 도구

이론 해설

교감신경과 부교감신경

각성 수준(24쪽 참고)에 관한 접근법을 교감신경과 부교감신경 관점에서 생각해 봅시다.

교감신경은 몸의 기능이 활발하게 돌아가게 하는 신경계입니다. 교감신경이 작용하기 때문에 운동을 하면 심장 박동이 빨라지고 혈압이 올라갑니다. 문제는 각성 수준을 적절히 조절하지 못해서 높은 상태가 지속되면 교감신경이 계속 활발히 작용하고 흥분 상태 또한 계속된다는 겁니다. 흥분 상태인 아이는 계속 무언가를 하려 하고 그러다 보면 주변 사람들을 곤란하게 하는 일이 벌어지기도 합니다.

그뿐만 아니라 교감신경이 지나치게 활성화되면 몸에도 이런저런 이상이 나타나기 시작합니다.

반면 부교감신경은 주로 쉴 때 활발히 작용하는 신경계로, 혈압을 내리고 심장 박동을 떨어뜨리는 역할을 담당합니다. 부교감신경은 휴식 중이나 잠잘 때 활발하게 작용합니다.

휴식과 관련된 이미지가 강하다 보니 단순히 부교감신경이 몸에 좋은 신경계라고 생각할 수도 있지만 그렇지는 않습니다. 부교감신경 역시 과도하게 활성화하거나 적절한 순간에 작용하지 않으면 몸의 이상을 초래하는 원인이 됩니다.

지식·학습

핵심은 교감신경과 부교감신경의 균형

교감신경과 부교감신경은 어느 쪽이 좋고 나쁘다기보다는 상황에 맞추어 균형 있게 전환되는 상태가 가장 이상적입니다.

낮에 공부하거나 일에 집중할 때는 교감신경이 더 활발히 작용하고, 밤에 편안히 쉬면서 피로를 풀 때는 부교감신경이 더 활발히 작용해서 우리 몸을 '휴식 모드'로 만들어 주는 상태가 가장 좋습니다.

하지만 교감신경과 부교감신경을 적절하게 조절하지 못하는 아이는 낮잠 시간에 '흥분 모드'가 켜져서 제대로 쉬지 못합니다. 그러다 한창 집중해야 할 낮에 '휴식 모드'가 켜져 버리기도 합니다.

따라서 아이의 각성 수준에 맞추어 교감신경과 부교감신경을 균형 있게 관리하는 적절한 대응이 필요합니다.

각성 수준이 높은 상태일 때는 진정시킨다(부교감신경 활성화)

- 마사지로 일정한 리듬의 압박 자극을 준다.
- 좋아하는 혼자 놀이에 집중할 수 있게 한다.
- 휴식을 부르는 아이템을 준다.

〈진정시키기〉

차를 마신다.

모래시계를 본다.

각성 수준이 낮은 상태일 때는 정신을 깨운다(교감신경 활성화)

- 좋아하는 혼자 놀이로 활동성을 높인다.
- 어른과 함께 간단한 운동을 한다(요가 등).
- 머리나 발바닥을 마사지한다.

〈정신 깨우기〉

좋아하는 혼자 놀이의 예

mini column

각성 수준의 '3R'

3R은 React(깨닫기), Relax(긴장 풀기), Reset(되돌리기)의 앞 글자를 딴 말입니다. 자신의 각성 수준을 깨닫고 긴장을 풀어서 원래 상태로 되돌리는 과정을 의미합니다. 다만 아이는 자신의 각성 수준을 스스로 깨닫기 어렵습니다. 그래서 어른이 아이가 쉴 수 있는 도구나 환경을 준비해서 원래 상태로 되돌아갈 수 있도록 도와주어야 합니다. 마찬가지로 각성 수준이 낮을 때도 수준을 높일 수 있도록 도와주세요. 각성 수준이 지나치게 높아지거나 낮아지기 전에 한 발 먼저 대처해야 합니다.

이 론 4

6가지 감각 이상 이해하기

이론 해설 포인트!

- 예민한 감각에는 익숙함보다 안심이 필요하다.
- 감각 탐구형 아이는 감각을 만끽할 수 있게 해 준다.
- 운동 기획, 양측 통합, 항중력 운동, 스몰 스텝을 이해한다.

이론 해설

감각의 기능과 감각 이상으로 생기는 문제

감각	기능	감각 이상으로 생기는 문제	개선을 위한 놀이법
고유 감각	• 근육과 관절에서 느끼는 감각 • 자기 몸의 움직임과 위치를 파악하는 감각 • 무게를 느끼는 감각	• 신체 움직임이 부자연스럽다. • 사람이나 사물과 자주 부딪힌다. • 힘 조절을 못해서 난폭한 아이로 보인다. • 요령이 없고 기본적인 생활 습관을 지키지 못한다.	제2장 신체 이미지 
전정 감각	• 흔들림과 회전을 느끼는 감각 • 몸의 균형을 잡는 감각	• 움직이기 싫어한다. • 똑바로 서지 못한다. • 앉은 자세를 유지하지 못한다. • 가만히 있지 못한다.	제3장 균형 감각 
촉각	• 통증이나 더위, 추위를 느끼는 감각 • 사물을 만졌을 때나 무언가 닿았을 때 느끼는 감각	• 샤워하기 싫어한다. • 편식한다. • 양치, 손톱 깎기, 목욕하기와 같이 위생과 관련된 생활 습관을 지키지 않는다. • 긴소매 옷만 입으려 한다.	제4장 촉감 놀이 
청각	• 소리를 느끼는(듣는) 감각 • 소리의 의미를 이해하는 능력(청지각)	• 소리의 의미를 이해하지 못해서 불안해한다. • 특정 소리를 싫어한다. • 소리를 잘 듣지 못한다.	전체 
협응 운동 능력	• 미세운동(손과 손가락 운동) • 대운동(몸 전체를 쓰는 운동) • 눈과 손을 동시에 사용하는 동작	• 단추를 채우기 어려워하고 숟가락질이 서툴다(손끝 움직임이 서툴다). • 번갈아 뛰기나 한 발 뛰기를 잘 못한다. • 몸을 움직이는 방식이 부자연스럽다.	제5장 몸 움직이기 
감각 욕구	• 편안하고 쾌적한 감각을 느끼고 싶어 하는 욕구 • 싫어하는 감각을 피하려는 욕구 • 마음을 안정시키는 데 필요한 욕구	• 움직일 수 없으면 짜증을 낸다. • 좋아하는 감각 놀이에 몰두한다. • 감각 자극을 많이 받으면 불안해한다.	제6장 감각 만끽하기 

지식·학습

고유 감각 이상에 관한 대응

고유 감각이 제대로 기능하지 않으면 아이는 모든 일에 서툴고 옷 갈아입기 같은 기본적인 생활 동작에서도 어려움을 느껴 짜증을 내기도 합니다. 몸이나 손가락이 자기가 생각하는 대로 움직이지 않으니 답답할 수밖에 없습니다. 여러 가지 원인이 있겠지만, 그중 하나는 고유 감각 기능이 균형적으로 발달하지 않아서 힘을 주는 방법이나 관절을 움직이는 방법, 근육을 쓰는 방법을 제대로 모르기 때문일 수 있습니다.

목장갑 두 개를 겹쳐 끼고 작은 종이로 종이접기를 한다고 생각해 봅시다. 어떤 기분일지 상상이 되나요? 그때 누가 옆에서 "더 조심해야지", "아니야, 이쪽을 잡아야지!"라면서 꾸짖고 재촉한다면 어떨까요? 정말 답답할 겁니다.

아이가 자신감을 잃지 않고 하고 싶다고 생각하게 하려면 어떻게 해야 할지 생각해 봅시다.

① 어려워하면 도와준다.
② 잘한 부분에 초점을 맞추어 칭찬한다.
③ 나이에 상관없이 본인이 쓰기 편한 도구를 선택할 수 있게 한다.
  _ 단추가 있는 옷을 피한다.
  _ 허리가 고무줄로 된 바지를 입힌다.
  _ 채우기 쉽도록 단추를 느슨하게 단다.

또한 놀이를 통해서 몸과 손가락을 많이 움직일 수 있도록 해 주세요. 놀면서 감각이 발달하고 기능이 향상되면 생활 동작도 개선될 겁니다.

아이에게 일상생활 동작은 귀찮고 하기 싫은 일투성이입니다. 옷 갈아입기나 방 정리는 솔직히 어른도 어쩔 수 없이 하는 사람이 적지 않을 겁니다. 아이도 마찬가지입니다. 귀찮은 일과 하기 싫은 일이 겹치면 연습해 봤자 스트레스만 쌓일 뿐입니다.

우선은 놀면서 발달시킬 방법을 생각해 주세요.

아이디어·제안

움직일 신체 부위를 자극해 몸을 준비시킨다

손끝을 사용해야 하는 일을 하기 전에는 준비운동으로 손 놀이를 하거나 마사지를 해 보세요. 아이들은 마사지를 해 주면 마음이 차분해질 때가 많습니다. 아이가 하기 싫어하는 일을 하기 전에 주문을 걸듯이 마사지를 해 주면 눈에 띄는 효과가 나타날지도 모른답니다.

또한 손쉽게 할 수 있는 손 놀이도 도움이 됩니다. 다음에 소개한 놀이를 참고해 주세요.

손끝을 사용하는 놀이

옛날부터 전해져 오는 전통 놀이 중에 재미있는 놀이들이 있습니다. 중간중간 짬이 나는 시간에 활용해 보세요.

- 손가락 씨름
- 실뜨기
- 구슬치기
- 찰흙 놀이
- 콩주머니 던지기
- 구슬 끼우기
- 손가락 뜨개질

실뜨기 콩주머니 던지기

집안일 돕기

집안일도 아이와 함께하는 놀이가 될 수 있습니다. 예를 들어, 요리에는 거품기 휘젓기, 식칼로 자르기, 조리용 가위로 자르기, 필러로 껍질 벗기기, 손으로 껍질 벗기기 등등 다양한 동작이 포함되어 있습니다.

창문 닦기나 빨래 널기, 욕조 청소도 어른과 함께하는 재미있는 놀이로 만들어 보세요. 온몸을 움직이는 좋은 놀이가 될 수 있습니다.

Q & A

Q 아이가 항상 까치발로 걸어 다닙니다. 고쳐 주어야 할까요?

A 까치발로 서 보면 아시겠지만 발끝, 발목, 종아리, 무릎, 허벅지, 엉덩이 관절까지 전체적으로 고유 감각이 자극받게 됩니다. 또한 균형을 잡아야 하니 전정 감각도 자극합니다. 그래서 기분이 좋은지도 모르겠습니다.

위험하지 않은 상황이라면 말리지 않아도 괜찮습니다. 아이는 그 행동을 통해 감각을 만끽하는 중일 수도 있습니다. 이런 행동은 대부분 자라면서 자연스럽게 사라집니다. 너그러운 마음으로 지켜봐 주세요.

전정 감각 이상에 관한 대응

감각이 둔한 아이는 속도나 흔들림, 회전에서 받는 감각 자극을 느끼고 싶어서 계속 움직이려는 경향을 보입니다. 그 중에는 옆에서 보면 깜짝 놀랄 정도로 오래 빙글빙글 돌아도 어지러움을 느끼지 않고 멀쩡한 아이도 있습니다. 움직이려 하는 행동은 아이에게 필요한 감각 욕구이니 일단은 보장해 주어야 합니다. 그 후에 조용한 놀이에 집중할 수 있도록 유도해 주세요.

완급 조절이 중요합니다. 이때는 퍼즐이나 찰흙 놀이, 슬라임, 블록처럼 앉아서 할 수 있는 놀이라면 무엇이든 괜찮습니다. 만약 아이가 빙글빙글 돌아가는 물체를 좋아한다면 손으로 돌리는 팽이나 불어서 돌리는 팽이도 좋은 아이템입니다. 한때 유행했던 '피젯 스피너'는 어떨까요? 아이가 푹 빠져서 집중할 회전 장난감을 찾아보세요. 쉽게 말해 움직이고 싶어 하는 아이의 욕구를 눈으로 보고 즐기는 감각 욕구로 바꾸어 주는 작전입니다.

전정 감각과 관계가 깊은 '시지각'

앞서 우리는 시각을 통해서 뇌가 우리 몸이 똑바로 서 있는지를 확인하며 균형 감각을 조절한다고 설명했습니다. 다시 말해 시각과 전정 감각은 한 팀으로 기능합니다. 이때 사용하는 시각 기능을 '시지각'이라고 합니다. 시지각은 사물의 형태를 인지하고, 거리를 파악하고, 움직이는 물체를 눈으로 쫓고, 여러 물건 중에서 필요한 것을 찾아내는 일도 담당합니다. 정리하자면 시지각 기능은 정보를 얻고, 얻은 정보를 정리해서, 몸을 움직이는, 세 가지 일을 담당합니다.

① 정보 입수

정보를 얻을 때는 사물을 보고 대상과의 거리에 맞추어 초점을 조절하는 기능과 안구를 적절히 움직여서 대상을 쫓는 기능을 사용합니다.

예를 들어, 우리는 글자를 읽거나 필요한 물건을 찾을 때 눈만 움직여서 대상을 봅니다. 또한 칠판 글씨를 공책에 옮겨 적을 때는 좌우 눈이 대상물까지의 거리에 따라 초점을 적절하게 당기거나 멀리해서 글자의 형태를 파악하고 공책에 옮겨 적습니다.

이때 안구는 도약 안구 운동(좌우를 비교해서 차이를 발견하거나 다양한 사물 속에서 필요한 대상을 찾을 때 보이는 움직임)과 추적 안구 운동(글자를 읽거나 공의 움직임을 쫓을 때 보이는 움직임), 두 눈을 동시에 움직이는 협동 운동(양안시 기능)을 합니다. 안구 운동 기능은 일반적으로 5~6세가 되면 능숙하게 사용한다고 알려져 있습니다.

② 정보 정리

눈으로 대상을 보고 정보를 얻었다면 얻은 정보는 시신경을 통해 뇌로 보내지고, 뇌는 정보를 정리해서 무엇을 보았는지를 인식합니다. 이 기능을 '시공간 인지'라고 합니다.

시공간 인지에는 대상의 움직임과 거리, 주변 사물과의 위치를 인식하는 '공간 인지'와 대상물이 어떤 형태이고 정체가 무엇인지를 이해하는 '형태 인지'가 있습니다. 눈으로 본 것을 파악하고 이해하려면 수많은 점과 선, 색과 같은 정보를 통합하는 능력도 필요합니다.

③ 신체 행동

마지막으로 몸을 움직이는 기능은 ①과 ②에서 얻은 정보를 통해 상황에 맞게 몸을 움직이는 기능입니다. 상황에 맞게 몸을 움직이려면 우선 신체 이미지를 떠올려야 하고, 신체 이미지를 그리려면 지금까지 이야기한 오감과 두 가지 신체 내부 감각을 사용해서 몸의 기울기와 크기, 힘의 정도를 파악하고 자기 몸을 정확히 이해해야 합니다.

여기서도 모든 감각과 시지각이 통합되어야 아이가 더 자연스럽게 움직일 수 있다는 사실을 알 수 있습니다.

지식·학습

촉각 이상에 관한 대응

촉각과 관련한 고민 중에는 아이가 양치나 손톱 깎기, 목욕과 같이 위생 상태와 관련이 있는 기본적인 일상생활 동작을 하지 않으려 해서 걱정이라는 고민이 꽤 많습니다. 매일 해야 하는 일이다 보니 곤란할 수밖에 없습니다. 억지로라도 시켜야 하지 않을까 싶어서 울며불며 싫어해도 강요하고 싶은 마음은 충분히 이해합니다.

하지만 억지로라도 습관을 들여야 한다는 생각이야말로 가장 위험합니다. 혹시 억지로 시켰다가 다시는 안 하겠다면서 강하게 거부당했던 적 없으신가요?

특히 목 주변, 얼굴, 머리, 배와 같이 공격당했을 때 위험한 부위를 건드리면 아이는 본능적으로 더 예민하게 반응합니다.

제가 예전에 일했던 유아 돌봄 센터에서 실시한 조사에 따르면, 발달장애가 있는 4~5세 아이 중 촉각과민인 아이는 장애가 없는 아이보다 4배나 많다고 합니다. 그만큼 예민한 감각 때문에 곤란을 겪은 아이가 많다는 뜻입니다.

익숙해질 방법이 아니라 안심할 방법이 필요합니다

촉각과민 증상이 있는 아이는 항상 불안해하고, 불안할수록 더 예민해집니다. 그러니 어떻게 해야 아이가 안심할 수 있을지를 생각해 주세요.

아이가 목욕을 싫어하면 좋아하는 입욕제를 쓰거나 좋아하는 장난감을 욕조에 띄워서 욕실을 즐거운 장소로 인식하게 하면 어떨까요? 과민 증상이 심한 아이 중에는 티셔츠를 입고 튜브를 낀 채로 욕조에 들어가는 아이도 있습니다. 익숙해질 때까지는 욕조에서 놀기만 해도 괜찮습니다. 물 온도를 적당히 맞추고 욕조 안에 의자를 놓아서 목이 물 밖으로 확실히 나오게 하면 아이의 불안을 줄일 수 있습니다. 머리를 감을 때는 샴푸캡을 씌우고 수건으로 얼굴을 확실하게 덮어 주세요.

또한 양치할 때는 보이지 않는 곳을 닦아야 하니 무서울 수 있습니다. 양치하기 전에 거울을 보여 주며 "여기를 10번 닦을 거야"라는 식으로 미리 알려 주세요. 칫솔모의 강도를 아이가 직접 테스트해 보게 하는 것도 좋은 방법입니다. 다른 사람이 해 주는 양치질을 불안해하는 아이는 스스로 양치하게 해 주세요. 머리를 빗을 때도 마찬가지입니다. 3면 거울을 사용해서 아이가 볼 수 있도록 해 주세요.

화장실을 싫어하는 아이

아이가 화장실 가기를 꺼린다면 촉각과민만이 아니라 다른 요인이 있을 수도 있습니다. 정확히 어떤 점이 싫은지 살펴봐 주세요.

- 변기가 차가워서 앉기 싫다.
- 다른 아이들과 같이 가면 부딪힐 것 같아서 무섭다.
- 냄새가 싫다.
- 물 내리는 소리가 갑자기 들린다.
- 슬리퍼나 실내화로 갈아 신기 귀찮다.

변기가 차가워서라거나 아이들과 부딪힐 것 같아서 무서워한다면 그건 촉각과민 때문입니다. 차가운 변기는 변기 시트를 붙이면 쉽게 해결할 수 있고, 다른 아이들과 부딪힐까 봐 무서워한다면 사용 시간을 정해 주거나 전용 화장실을 지정하는 방법을 활용해 보세요.

냄새를 싫어한다면 후각과민이 원인일 수 있습니다. 이때는 마스크를 쓰게 하거나 아이가 좋아하는 아로마향 방향제를 뿌리고 이용하도록 해 주세요.

또한 물 내리는 소리를 신경 쓰는 아이는 청각과민일 수 있습니다. 이때는 귀마개가 도움이 됩니다. 아이가 슬리퍼를 갈아 신기 귀찮아하면 좋아하는 캐릭터나 소재로 만든 슬리퍼를 쓰도록 해 보세요. 아이디어에 따라서는 의외로 쉽게 해결되기도 합니다.

한 아이만 특별 대우를 할 수는 없다고 생각하면 문제를 해결할 아이디어가 떠오르지 않을 겁니다. 어떻게 하면 아이가 안심하고 즐겁게 화장실에 갈 수 있을지를 고민해 주세요.

청각 이상에 관한 대응

우리가 평소에 다양한 소리에 노출되어도 놀라지 않는 이유는 들리는 소리가 무슨 소리인지 이미 알기 때문입니다. 이와 같이 소리를 듣고 의미를 파악하는 능력을 '청지각'이라고 합니다. 그런데 청지각이 제대로 기능하지 않으면 어떻게 될까요? 갑자기 큰 소리가 들렸을 때 무슨 소리인지 모르면 불안할 겁니다.

청각과민인 아이는 미성숙한 청지각력 탓에 소리의 의미를 파악하지 못할 수 있습니다. 갑자기 알 수 없는 소리가 들리니 무서운 겁니다. 그러니 소리를 내기 전에 미리 알려 주세요. "지금부터 이런 소리가 들릴 거야", "이 소리는 ○○하는 소리야"라고 예고해 주면 도움이 됩니다.

하지만 그렇다고 매번 소리가 나기 전에 미리 알려 줄 수도 없고, 예고하든 안 하든 아이가 싫어하는 소리라면 막아 주어야 합니다. 그럴 때는 귀마개와 같이 소리를 줄여 주는 도구를 활용해 보세요. 어른이 아이 귀를 손으로 막아 주어도 좋습니다. 소리만 들리지 않으면 금세 진정하는 아이도 있으니 일단 시도해 보세요.

mini column

5세 아이 F는 이상하게도 선생님 한 분을 잘 따르지 않았습니다. 그 선생님이 싫다며 가까이 가려고 하지도 않았습니다. 아이에게 "상냥한 선생님인데 선생님이 왜 싫어?"라고 물었더니 아이가 그러더군요. "선생님이 항상 화를 내요." 저는 다시 물었습니다. "화내지 않으시는데?" 그러자 아이는 "맨날 화를 내요. 목소리가 화나 있단 말이에요"라고 대답했습니다. F는 큰 소리로 말하면 무슨 말인지 잘 이해하지 못할 뿐만 아니라 화를 낸다고 생각하는 듯했습니다. 저는 선생님에게 F에게 말을 건넬 때는 가까이 다가가서 조용한 목소리로 천천히 부드럽게 말해 보라고 부탁했습니다.

물론 F에게도 상황을 설명했습니다. F는 선생님이 화를 내는 것이 아니라는 사실을 이해했고, 그 뒤로 선생님 말씀이 더 잘 들린다고 하더군요. 예민한 아이에게 다가갈 때는 목소리 톤과 속도 또한 중요한 요소랍니다.

Q & A

Q 여름인데도 아이가 긴소매 옷만 입으려고 해요. 어떻게 하면 좋을까요?

A 1년 내내 긴소매 옷만 입어도 괜찮습니다. 통기성과 흡수성이 좋고 잘 마르는 소재라면 여름에 햇볕을 차단해 주고 벌레를 막아 주는 효과도 있습니다. 감각과민에서 오는 집착 성향은 대부분 자라면서 자연스럽게 사라집니다. 아이가 스스로 깨칠 때까지는 되도록 아이에게 맞추어 주세요.

Q 손톱 깎기를 싫어해요.

A 아이가 어려서 손톱이 약하다면 손톱 가위를 써 보세요. 손톱에 주는 부담도 덜 수 있고 아이가 느끼는 충격도 줄일 수 있습니다. 유성펜으로 자를 부분을 표시한 뒤에 여기까지만 자른다고 미리 알려 주고 본인이 지켜보는 상태에서 잘라 주세요. 그럼에도 아이가 싫어한다면 일단은 자는 동안 자르는 방법이 제일 좋습니다. 그렇게 시기를 보고 다시 시도해 보세요. 너무 조급해하지 않아도 괜찮습니다.

지식·학습

협응 운동 능력 이상에 관한 대응

협응 운동은 크게 세 가지로 나눌 수 있습니다.

첫 번째는 미세 운동으로 손이나 손가락을 사용하는 움직임입니다. 옷을 갈아입을 때나 수저를 사용할 때, 글자를 쓰거나 그림을 그릴 때 취하는 다양한 생활 동작과 관련된 움직임입니다. 미세 운동 능력이 부족하면 숟가락질하다가 자주 흘리고 손끝으로 단추를 잡지 못하거나 채우지 못합니다. 단추를 채우는 데 시간이 오래 걸리기도 합니다.

두 번째는 대운동이며 몸 전체를 사용하는 움직임입니다. 대운동에는 계단을 오르내리거나 번갈아 뛰기, 한 발 뛰기, 점프하기와 같은 움직임이 포함됩니다. 대운동 능력이 부족하면 한 발 뛰기를 할 때 연속해서 뛰지 못하거나 애당초 한 발로 뛰는 행동 자체를 어려워합니다. 몸 전체의 움직임을 머릿속으로 그리지 못해서 어떻게 움직여야 하는지 모르는 상태입니다.

마지막 세 번째는 눈과 손을 동시에 움직이는 동작입니다. 손가락으로 개수를 헤아리거나 공을 차고, 날아오는 공을 잡는 행동이 여기에 포함됩니다. 이 능력이 부족하면 공을 잡을 때 공이 자기 앞에 오기 전 팔을 뻗거나 타이밍을 놓쳐서 몸에 맞기도 합니다. 즉, 눈으로 보는 공과 자기 몸의 움직임을 일치시키지 못합니다.

결과보다는 과정과 움직였다는 사실 자체를 인정해 주세요

자신의 운동 능력이 부족하다는 사실을 스스로 느끼는 아이도 꽤 많습니다. 그러다 보면 자신감이 떨어져서 더 잘하고 싶고 도전하고 싶은 마음이 들지 않기 마련입니다. 영유아기에는 잘하고 못하고를 떠나서 움직이는 행동 자체를 즐겨야 합니다.

이 책에서 소개하는 놀이 중에서 아이가 쉽게 즐길 수 있는 놀이가 무엇일지 함께 찾고 실제로 놀아 보세요. 어른이 결과가 아니라 과정, 그리고 도전했다는 사실 자체를 인정해 주어야 합니다. 아이가 인정을 받고 다시 도전하고 싶다고 생각하게 해야 한다는 사실을 잊지 마세요.

스몰 스텝으로 천천히, 도구도 활용해 보세요

손잡이 부분이 굵은 숟가락은 아이도 쉽게 잡을 수 있고, 젓가락 중에는 가운데에 지지대가 있는 것도 있습니다. 단추도 처음에는 큰 것을 사용해서 쉽게 잡을 수 있게 한 다음 천천히 작은 단추로 바꾸어 주세요. 무엇이든 한 단계씩 천천히 올라가는 '스몰 스텝'이 중요합니다.

아이가 하지 못하는 동작을 반복해서 연습하게 하지 말고, 할 수 있는 동작을 통해서 한 단계씩 천천히 올라가도록 해 주세요. 처음부터 최종 단계의 어려운 동작을 할 수는 없습니다. 기본적인 동작부터 하나하나 배워 갈 수 있게 도와주세요.

줄넘기 성공까지 거치는 스몰 스텝

줄넘기에 성공할 때까지 거치는 단계를 생각해 봅시다. 줄넘기에 성공하는 결과보다 과정을 즐기면서 도전하고 하나씩 통과해 가는 즐거움을 느껴 보세요.

① 줄을 가지고 놀면서 친숙해진다

놀이법은 다양합니다. 우선은 줄을 가지고 놀면서 줄에 대한 거부감을 줄여 주세요.

- 줄을 바닥에 두고 외나무다리처럼 건너기, 줄 위로 넘어가기
- 뱀처럼 구불구불 흔들어 보고, 그 흔들리는 줄 위로 넘어가기

② 점프 연습을 한다

다양한 점프 방식을 연습해 보세요.

- 제자리에서 뛰기
- 손뼉 치면서 뛰기
- 손잡고 뛰기
- 뒤돌면서 뛰기
- 줄을 놓고 위로 뛰어 넘어가기
- 미니 허들 넘기
- 제자리에서 다리로 가위바위보 하기
- 한 발, 두 발 번갈아 뛰기

③ 줄 돌리는 연습을 한다

한 손 돌리기　한 손으로 줄을 잡고 돌리는 연습을 합니다. 처음엔 팔을 뒤로 돌려도 괜찮습니다. 조금씩 익숙해지면 앞으로 돌리기도 해 보세요. 실제 줄넘기를 하기 전에 줄을 앞으로, 뒤로 돌리면서 몸을 풀어 주면 도움이 됩니다.

발로 잡기　두 손으로 돌린 줄을 발로 잡아서 멈추게 합니다. 오른발로 잡기, 왼발로 잡기, 양발로 잡기처럼 다양한 방법으로 시도해 보세요.

④ 줄을 넘어가거나 뛰어넘는 동작을 연습한다

줄을 돌려서 줄이 앞에 오면 건너가는 동작을 반복합니다. 달리다가 뛰어넘는 연습도 좋습니다. 줄보다 앞으로 가려고 점프하면 동시에 줄도 앞으로 가 버려서 넘어가지 못하는 아이들이 있을 겁니다. 우선은 줄을 넘어가는 동작부터 연습해 보세요.

⑤ 기본 줄넘기에 도전한다

점프와 줄 돌리기를 비롯해 기본적인 줄넘기에 필요한 동작을 충분히 연습했다면 이제 진짜 줄넘기에 도전해 보세요. 처음 목표는 한 번 넘기입니다.

운동 기획

협응 운동을 생각할 때 빼 놓을 수 없는 개념이 '운동 기획'입니다. 운동 기획은 문제가 되는 움직임과 관련해서 해당 동작을 하기 위해 필요한 신체 부위(팔과 다리, 손, 관절 등)를 연동시킬 순서를 정하고 순서대로 움직이는 과정을 의미합니다. 이때 움직일 타이밍도 같이 파악합니다. 운동 기획력을 활용하면 처음에는 어려워서 부자연스럽던 동작도 무의식중에 자연스러워질 겁니다.

운동 기획력 발달이 미숙하다는 말은 운동을 기획하는 능력이 부족하다, 즉 협응 운동 능력에 이상이 있다는 의미가 됩니다.

이런 아이들은 머릿속으로 움직임의 순서를 생각하느라 벅차서 정작 몸은 움직이지 못합니다. 사실 애당초 생각한다는 것 자체가 운동 기획력이 부족하다는 뜻입니다. 일반적으로 우리는 특별히 생각하지 않고도 자연스럽게 움직일 수 있습니다.

운동 기획력이 부족하면 정글짐을 오르거나 내려올 때 중간까지는 잘 가다가 그 후에는 어떻게 해야 하는지 몰라서 그 자리에서 움직이지 못하는 일이 벌어집니다. 어떤 아이는 몇 번 연습하면 금방 할 수 있는 일도 어떤 아이는 긴 시간을 들여 몇 배를 더 연습해야 겨우 하기도 하고, 결국 하기는 하지만 어딘지 서툰 인상을 주기도 합니다.

운동 기획력은 놀이에서도 중요합니다. 운동 기획력 발달이 미숙한 아이는 계속 똑같은 놀이만 하려고 하는 경향이 있습니다. 생각할 필요가 없어서 편하기 때문입니다. 하지만 계속 똑같은 놀이만 하면 무언가를 깨닫고 발견해서 발전시켜 나가는 흐름을 이어 갈 수 없다는 사실을 명심하세요.

놀이를 통해 다양한 운동 기획 경험을 쌓아 주세요

신문지를 구기며 노는 상황을 상상해 봅시다. 그때 누군가(어른이든 아이든)가 신문지를 찢는 놀이를 생각해 냈습니다. 그렇게 새로운 놀이를 발견했습니다. 실제로 찢어 보니 역시나 재밌습니다.

그다음 또 누군가가 찢은 신문을 뿌리는 생각을 해 냈습니다. 놀이가 또 발전했네요. 이 또한 당연히 재미있습니다. 찢어진 신문지 사이에 신문으로 만든 공을 숨기는 놀이를 생각해 낸 아이도 있습니다. 찢어진 신문지 조각을 헤치며 공을 숨기고 찾으면 얼마나 신이 날까요.

거창한 놀이가 아니어도 괜찮습니다. 자연스럽게 놀이를 찾아내고 발전시키면서 운동 기획력을 키워 주세요. 생각하기도 전에 몸이 저절로 움직이는 감각이 중요합니다.

양측 통합도 중요해요

양측 통합은 몸의 좌우를 동시에 조절하는 능력을 말합니다. 한 손으로 종이를 잡고 다른 손으로 글씨를 쓰거나 종이를 자를 수 있듯이 양측 통합력을 발휘하면 동작을 제어하면서 조직적인 방법으로 움직일 수 있습니다.

양측성의 통합과 협응이 제대로 이루어졌다면 좌뇌와 우뇌가 효과적으로 소통하며 정보를 공유한다는 증거입니다. 양손을 동시에 사용할 수 있으면 양측 통합은 거의 완성 단계에 가깝습니다.

공을 던지는 행동을 양측 통합 단계로 정리해 봅시다. 5세 정도가 되면 오른쪽과 왼쪽, 상반신과 하반신을 자연스럽게 따로 움직일 수 있게 됩니다.

① 양손으로 아래에서 공을 던진다.
② 양손으로 위에서 공을 던진다.
③ 한 손으로 공을 던진다.

③번 단계를 지나면 지지기저면(신체 지탱에 필요한 바닥 면적)의 변화와 체중을 싣는 위치의 변화, 다리 동작 추가와 같은 요소에 따라 공을 던지는 동작을 발전시키고 동작의 수준도 점차 높아집니다.

그렇게 특정 놀이를 할 때만이 아니라 일상생활 동작에서도 자연스럽게 양측 통합력을 발휘하게 됩니다.

지식·학습

감각 욕구 이상에 관한 대응

앞서 12쪽에서 감각 욕구는 생리적 욕구와 같은 차원의 욕구라고 설명했습니다.

먼저 인간의 욕구를 5단계로 나누어서 단계별로 설명한 유명한 이론 '매슬로의 욕구 5단계'를 살펴봅시다. 매슬로의 이론에 따르면 모든 욕구의 바탕은 '생리적 욕구'입니다. 따라서 감각 욕구도 생리적 욕구와 똑같이 중요하다고 할 수 있겠습니다. 참고로 생리적 욕구란 사람이 살기 위해 필요한 기본적이며 본능적인 욕구를 말합니다.

식욕과 수면, 배설에 관한 욕구가 생리적 욕구에 포함됩니다. 사람은 우선 생리적 욕구가 채워져야 다음 단계의 욕구를 채우고 싶다고 생각하게 됩니다. 즉, 생리적 욕구와 감각 욕구가 아이를 발달시키는 원천인 셈입니다.

다음 단계는 '안전의 욕구'입니다. 안전의 욕구는 몸과 마음의 안전이 확보된 환경에서 생활하고 싶어 하는 욕구입니다. 다시 말해 자신을 둘러싼 세상에서 마음 놓고 활동하며 주변 세상을 알아 가고 싶어 하는 욕구입니다. 이때가 식별적 체계를 키워 가는 단계입니다.

세 번째 단계는 '사회적 욕구'입니다. 특정 집단에 소속되기를 원하고 동료를 얻고 싶어 하는 욕구로, 이 단계에서는 친구와 놀면서 원만한 관계를 맺고 싶어 합니다. 특히 영유아기에 꼭 발달시켜야 하는 부분이기도 합니다. 다만 잊지 마세요. 모든 단계는 '감각 욕구'라는 원천을 채워야만 비로소 시작할 수 있습니다.

〈매슬로의 욕구 5단계 이론〉

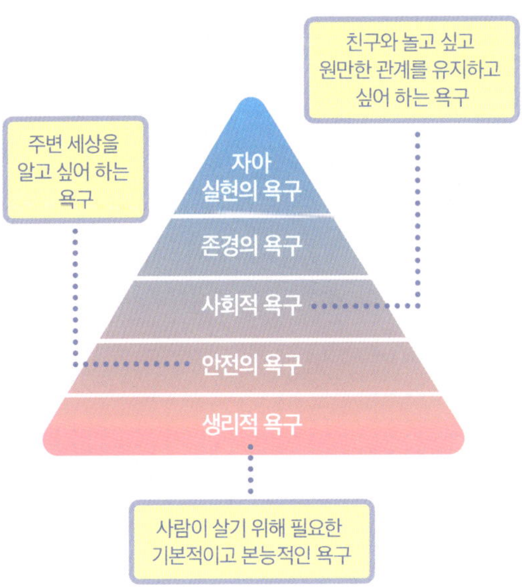

아이 기분이 좋아지고 정서가 안정되어 사람들을 곤란하게 하는 행동이 줄어드는 일도, 주변 세상에 능동적으로 다가가는 일도, 친구들과 원만하게 지내는 방법을 배우는 일도, 먼저 감각 욕구부터 채워야 시작할 수 있습니다.

그러니 감각 자극이 부족한 아이에게는 감각을 충분히 느낄 수 있는 환경을, 감각이 예민한 아이에게는 싫어하는 감각을 피해 안심할 수 있는 환경을 만들어 주세요.

지식 · 학습

그 밖의 감각 이상에 관한 대응

우리 몸 안에는 다양한 종류의 근육이 있습니다. 그중에서 자세를 유지하거나 똑바로 서고 걷는 기본적인 동작에 필요한 근육을 '항중력근'이라고 합니다. 유아기에는 목을 가누고 서서 걸음마를 뗄 때까지 거의 모든 자세와 동작에서 항중력근을 사용하게 됩니다.

예를 들어, 관심 있는 사물을 보면 고개를 들고 손을 뻗습니다. 그 밖에도 몸 뒤집기, 안기, 네발로 기기, 붙잡고 일어서기, 걷기와 같이 항중력근을 이용한 항중력 자세와 동작을 구사하며 발달해 갑니다. 따라서 일상생활 속에서 아이가 이런 움직임을 얼마나 능동적으로 구사하는지, 이런 움직임을 끌어낼 환경과 놀이가 준비되어 있는지가 중요합니다.

또한 매일 조금씩 발달하는 아이 상태에 맞추어 놀이에도 변화가 필요합니다. 생후 3~4개월쯤이 되면 아기가 목을 가누기 시작합니다. 깨어 있는 동안에는 엎드린 채로 노는 시간이 많아질 겁니다. 이때는 엎드린 자세로 노는 놀이를 통해 항중력근 발달을 촉진하고, 두 손으로 몸을 지탱하게 해서 팔이음뼈도 안정적으로 자리 잡을 수 있게 도와주세요.

뒤집기를 하게 되면 굴러서 자유롭게 이동하도록 해 주세요. 그다음에는 배밀이를 할 수 있게 될 겁니다.

배밀이를 통해서 몸의 중심 근육이 발달하면 네발로 기는 자세를 잡게 되고 손과 무릎으로 기어다니게 됩니다. 아기는 이와 같은 일련의 동작을 통해서 서고 걷는 데 필요한 근육과 감각을 익혀 갑니다. 늦고 빠르고는 크게 중요하지 않습니다. 각각의 발달 단계를 하나씩 천천히 경험하면서 습득할 수 있다면 충분합니다.

유아기에는 게임성이 강한 놀이로 사회성을 키워 주세요

게임 성격의 놀이나 단체 놀이는 아이에게 놀이를 통해 다른 사람과 관계를 맺는 즐거움과 규칙을 가르칠 절호의 기회입니다. 감각통합놀이를 활용해서 감각통합 이상을 개선하는 동시에 타인과의 소통, 놀이 규칙의 필요성도 깨닫게 해 주세요. 친구의 행동을 보고 좋은 점을 배우기도 하고 기분이 한결 좋아지는 효과도 기대할 수 있습니다.

이 책은 적은 인원으로 할 수 있는 놀이와 비교적 규칙이 단순한 놀이를 중심으로 소개했습니다. 부담스럽지 않은 인원수로 구성해서 어른이 지켜보는 가운데 안심하고 몸을 움직일 수 있도록 배려한 내용으로 구성했으니 편하게 활용해 주세요.

다만 승부가 갈리는 게임성 놀이를 할 때는 특별히 주의해야 합니다. 이기고 지는 게임은 정서를 불안정하게 할 수도 있고, 규칙이 복잡해서 놀이를 즐기지 못하면 친구들과 함께하는 놀이를 싫어하게 될 가능성도 있습니다. 게임 성격이 강한 놀이는 아이의 발달 상태를 고려해 신중하게 선택해 주세요.

모래놀이

모래놀이는 이 책 2장부터 소개할 놀이에는 포함하지 않았지만 감각통합과 사회성 발달에 좋은 놀이입니다.

감촉을 좋아하는 아이는 모래를 만지기만 해도 충분합니다. 모래에 물을 부으면 진흙 놀이도 할 수 있습니다. 진흙으로 경단을 만들면 힘의 강약을 조절하는 연습도 할 수 있고 응용해서 시장 놀이도 할 수 있습니다. 단단하고 반질반질한 진흙 경단 만들기로 집중력을 키워 보세요.

또한 모래를 모아서 산을 만들면 친구들과 함께 놀 수도 있습니다. 산을 만들려면 삽을 사용해서 모래를 많이 옮겨야 하니 고유 감각을 조절해야 하고 감각 자극 입력도 확실히 보장되는 놀이랍니다.

산을 단단하게 다지고 터널을 팔 때도 온몸을 사용하게 됩니다. 몸을 어떻게 움직일지, 힘은 얼마나 줄지도 조절해야 합니다. 산이 무너지지 않도록 조심하면서 맨손으로 조금씩 파서 터널도 만들어 보세요. 터널이 양쪽에서 이어지면 터널 안에서 친구와 악수도 할 수 있습니다. 몸을 비틀어서 균형을 잡아 가며 보이지 않는 곳을 더듬어 친구의 손을 찾아보세요. 작은 삽이 있다면 강을 만들고 물을 흘려 보는 건 어떨까요? 신발을 벗고 강 안에 들어가서 물의 흐름을 느끼면 더욱 다양한 감각을 느낄 수 있습니다.

이론 5

보육도 팀플레이가 필요하다 (사례 분석과 보호자 지원)

이론 해설 포인트!

- 감각과민은 장기적인 관점으로 지켜본다.
- 사회성 발달을 돕는 배려와 환경 정비가 중요하다.
- 보호자의 이해와 정보 공유가 필요하다.

아이디어·제안

사례 분석: 편식

제가 어린이집에서 일했을 때 담당했던 한 여자아이는 자폐스펙트럼을 앓고 있었습니다. 아이는 어린이집에서 제공하는 급식을 전혀 먹지 못했습니다. 미각과민이나 촉각과민 때문일 수도 있고 집착이 강한 성향이기 때문일 수도 있습니다.

저는 원인이 무엇이든 일단 아이의 마음이 편해야 한다는 생각에 강요하지 않고 집에서 가져온 도시락을 먹게 했습니다. 그런데 1년 정도 지난 어느 날 아이가 갑자기 급식을 먹기 시작하더군요. 정말 깜짝 놀랐습니다. 아마도 아이는 '안심할 수 있는 장소에서 믿을 수 있는 사람들이 내가 먹지 않는 음식을 먹으면서 맛있다고 하네. 이곳에서 주는 음식은 안심하고 먹어도 되겠다'라고 생각했을 겁니다.

모든 아이가 이 사례처럼 자연스럽게 해결되지는 않겠지만, 편식이 심했던 아이도 자라면서 가리지 않고 다 잘 먹게 되는 일은 생각보다 많습니다. 골고루 먹어야 한다는 어른의 고집을 내려놓아 주세요. 맛있게 먹는 모습을 보여주면서 아이가 안심하게 하는 일이 우선입니다.

아이디어·제안

사례 분석: 흥미 자극하기

알파벳을 좋아해서 영어에 관심이 많았던 한 남자아이도 편식이 상당히 심한 편이었습니다. 그래서 음식 그릇에 아이가 좋아하는 영어로 이름을 써 보았습니다. 접착 메모지에 'miso soup'이라고 쓰고 각자의 미소 된장국 그릇 앞에 붙여 주었습니다.

그러자 아이가 이름을 읽으면서 미소 된장국을 먹기 시작했습니다. 이번에도 깜짝 놀랐습니다. 물론 그렇다고 모든 음식을 먹은 건 아닙니다만, 이 방법으로 아이가 먹을 수 있는 음식의 종류가 확실히 늘었습니다. 아이의 흥미와 관심을 자극했더니 해결되는 문제도 있었습니다.

아이디어·제안

사례 분석: 지면 화를 내는 아이

승패가 갈리는 게임에서 졌을 때 아이가 화를 내면 저는 화내도 괜찮다고 말해 줍니다. 화내면 안 된다고 말해 봤자 반대로 화만 더 끓어오를 테니까요. 이때는 아이의 분노를 어떻게 해야 빨리 가라앉힐 수 있는지가 핵심입니다. 화를 다스리는 기술을 가르쳐 주어야 한다는 생각에 초점을 맞추어 주세요.

어떻게 하면 아이의 기분을 달래 줄 수 있을까요? 저는 '안심 상자'라고 이름 붙인 상자에 아이가 좋아하는 물건이나 장난감을 넣어 놓고 화가 나면 상자 안의 물건을 꺼내서 마음을 달래게 하는 방법을 추천합니다. 부정적인 감정을 즐거운 감정으로 덮어쓰는 식입니다.

갑작스러운 감정 변화를 조절하는 능력을 키우면 자신의 성향을 깨닫고 대책을 세우는 일로 이어집니다. 또한 부정적인 감정을 다스릴 때도 도움이 됩니다.

mini column

분노 관리를 통해 안심할 수 있는 감각 느끼기

분노 관리(anger management)란 화를 다스리는 방법을 생각해서 적용하는 것을 말합니다. 분노 관리는 화를 내지 않도록 관리하는 것이 아닙니다. 분노가 끓어오르는 상황을 예측해서 그 상태가 되면 화를 조절하는 대책을 적용하고, 평온했던 원래의 감정 상태로 돌아갈 수 있도록 연습해서 관리한다는 개념입니다. 분노를 조절할 때는 각자의 '힐링 아이템'을 활용해 주세요. 아로마(후각), 마사지(고유 감각), 음악(청각), 사탕(미각), 반려동물 쓰다듬기(촉각)와 같이 기분 좋은 감각을 흠뻑 느끼는 방법이 가장 효과가 좋습니다.

어떤 물건을 힐링 아이템으로 사용할지는 아이와 미리 상의해서 정해 주세요. 제 경험에 따르면 아로마 향을 맡으면 기분이 좋아지는 아이가 많았습니다. 특히 활력을 주는 귤 향을 좋아하는 아이가 많았지만, 향은 아이와 상의해서 선택하는 것이 좋습니다.

이론 해설

안심할 수 있는 환경에서 감각을 통합할 수 있게 도와주세요

1장을 여기까지 읽으셨다면 이제 안심하고 세상으로 나가서 식별 능력을 키울 수 있는 환경과 몸을 자연스럽게 움직일 수 있는 환경이 아이들에게 얼마나 중요한지 아셨을 겁니다. 그렇다면 어떻게 해야 큰 자극 없이 깨닫기 쉬운 환경을 만들 수 있을까요?

이때는 '티치(TEACCH) 프로그램'을 구조화하는 방법이 도움이 됩니다.

티치 프로그램을 활용해 '① 물리적 구조화, ② 시간적 구조화, ③ 활동의 구조화, ④ 시각적 단서'라는 네 가지 관점에서 환경을 재점검해 봅시다.

① 물리적 구조화(장소의 시각화)

장소와 활동은 일대일로 구성해 주세요. 쉽게 말해 각 공간을 물리적으로 나누어서 각각의 공간과 상황에서 무엇을 해야 하는지 시각적으로 알기 쉽게 만드는 겁니다.

공간을 물리적으로 나누면 자극도 조절할 수 있습니다. 파티션이나 책장으로 공간을 나누거나 휴식 공간을 따로 정해서 아이를 배려해 주세요.

② 시간의 구조화(시간 흐름의 시각화)

일과를 눈으로 볼 수 있게 만들어 주세요. 언제, 어디서, 무엇을 하는지 눈으로 보고 알 수 있게 합니다. 아이가 차분하게 주체적으로 활동하려면 무엇보다 시간의 구조화가 중요합니다. 반드시 '시작'과 '끝'을 명확하게 구분해 주세요.

③ 활동의 구조화(동작의 시각화)

활동의 구조화는 시간의 구조화에 포함되는 요소라고도 볼 수 있습니다. 각각의 활동을 하나하나의 요소로 나누어서 순서를 보여 주세요.

종이접기 순서나 손 씻기 순서를 설명하는 방식이 여기에 해당합니다.

④ 시각적 단서

시각적 단서란 한눈에 알 수 있고 잊어버려도 금방 떠올릴 수 있는 자료를 의미합니다. 말로는 표현하기 어려울 때나 다 전할 수 없을 때는 내용을 시각화해서 아이가 쉽게 이해할 수 있도록 해 주세요.

사진이나 그림을 사용하거나 색을 구분하는 식으로 어떻게 하면 아이가 시각적으로 상황을 파악할 수 있을지 고민해 주세요.

감각통합놀이를 할 때는 어디에서(물리적 구조화), 언제(시간의 구조화), 어떤 순서로(활동의 구조화), 어떤 동작을 어떻게 움직여서(시각적 단서) 구현할지를 고려해야 합니다.

지식·학습

보호자도 알아야 합니다

감각통합적 관점은 보호자에게도 매우 중요한 요소입니다. 저는 보호자도 감각통합적 관점을 가지고 아이를 더 깊게 이해해야 한다고 생각합니다. 지금도 세상에는 아이가 하는 행동이 무슨 뜻인지 몰라서 불안해하는 보호자가 많습니다. 특히 아이가 쉽게 흥분하고 과잉행동을 보여서 한시도 눈을 뗄 수 없을 때, 그 원인이 감각이 둔해서일 수도 있다는 사실을 모르는 보호자가 태반입니다. 그뿐만 아니라 습관으로 만들어야 한다는 생각에 감각이 예민한 아이에게 억지로 시키다가 상황을 악화시키는 일도 종종 벌어집니다.

보호자들에게 1장에서 언급한 고유 감각과 전정 감각, 감각과민에 관해 설명하면 다들 고개를 끄덕입니다. 새로 눈뜬 기분이라거나 왜 혼을 내도 나아지지 않는지 이제야 알았다고 말하면서 억지로 시켰던 행동이 오히려 역효과였다는 사실을 이해합니다. 그러고 나면 아이를 대하는 방식이 180도 달라집니다.

어떤 보호자들은 아이를 위하는 일이라는 생각에 잘못된 방법을 쓰기도 합니다. 물론 보호자의 잘못은 아닙니다. 단지 몰랐을 뿐이니까요. 그러니 우선은 알아야 합니다. 보호자가 감각통합 관점을 이해하면 아이에게 맞는 방법으로 대응할 수 있습니다. 그 과정에서 아이의 성장을 인정하고 칭찬하게 되고, 자연스레 아이와의 친밀도도 올라갈 것입니다.

아이디어·제안

통역과 지원의 중요성

우선 아이가 하는 행동의 의미를 '통역'해야 합니다. 이때도 감각통합 지식이 도움이 됩니다. 의미를 파악하고 어떻게 하면 좋을지를 아이와 같이 고민하며 함께해 주세요.

이때 보호자가 부담 없이 아이를 도울 방법 또는 놀이여야 한다는 점이 중요합니다. 교육(가르치기)하지 말고 지원(함께 생각하고 힘을 북돋아 주기)해 주세요. 실패해도 괜찮습니다. 실패를 통해 배우다 보면 보호자와 아이 모두에게 맞는 지원 방법과 계속할 수 있는 놀이를 찾을 수 있을 겁니다.

아이디어·제안

집에서도 충분히 감각을 만끽할 수 있어요

① G의 사례

G가 툭하면 집 안을 뛰어다니는 통에 G의 부모님은 아이가 조금이라도 얌전히 놀기를 바랐습니다. G의 부모님은 고민 끝에 아래층에 폐를 끼치지 않도록 1인용 트램펄린을 샀고, G에게 그 위에서라면 마음껏 뛸 수 있도록 했습니다. 그날부터 G가 뛰어다니기 시작하면 “우리 트램펄린 할까?”라며 아이의 관심을 돌렸습니다. 뛰지 말라고 ‘NO’를 외쳤다면, 반드시 그 대신 트램펄린 위에서라면 뛰어도 된다는 ‘YES’를 준비해 주세요.

긍정적인 한마디가 아이의 기분을 좋아지게 합니다. “몇 번 뛸 거야?”라고 물어서 아이가 횟수를 세게 한 다음 직접 표에 적도록 하면 어떨까요? 만족할 만큼 뛰고 나면 흥분이 가라앉을 테니 그때는 좋아하는 퍼즐이나 블록 놀이에 집중할 겁니다.

집 안에서 뛰어다니는 G의 행동은 동적인 놀이와 정적인 놀이를 조합해서 고칠 수 있었습니다.

② H의 사례

H는 식사 중에 의자에 앉으면 항상 발을 흔들며 앞으로 차 올렸습니다. 그러다 식탁을 발로 차기도 해서 늘 편하게 식사하기가 힘들었습니다. 아무리 주의를 주어도 나아지지 않았습니다.

H의 부모님은 고민 끝에 의자 앞다리에 굵은 고무 끈을 가로로 달아 주었습니다. 그러자 H는 고무에 발등을 걸고 다리를 움직이면서 고무의 탄성이 주는 감촉을 즐기기 시작했습니다. 다리를 크게 흔들지 않으니 차분하게 식사도 할 수 있게 되었습니다.

그 밖에 발아래에 지압판처럼 발바닥을 자극하는 물건을 놓아두는 방법도 효과적입니다. 단순히 감각에 자극을 주기만 해도 차분해질 수 있으니 아이에게 맞추어 환경을 바꾸어 보세요.

굵은 고무 끈　　　　지압판

아이디어·제안

사례 분석: 지면 화를 내는 아이

승패가 갈리는 게임에서 졌을 때 아이가 화를 내면 저는 화내도 괜찮다고 말해 줍니다. 화내면 안 된다고 말해 봤자 반대로 화만 더 끓어오를 테니까요. 이때는 아이의 분노를 어떻게 해야 빨리 가라앉힐 수 있는지가 핵심입니다. 화를 다스리는 기술을 가르쳐 주어야 한다는 생각에 초점을 맞추어 주세요.

어떻게 하면 아이의 기분을 달래 줄 수 있을까요? 저는 '안심 상자'라고 이름 붙인 상자에 아이가 좋아하는 물건이나 장난감을 넣어 놓고 화가 나면 상자 안의 물건을 꺼내서 마음을 달래게 하는 방법을 추천합니다. 부정적인 감정을 즐거운 감정으로 덮어쓰는 식입니다.

갑작스러운 감정 변화를 조절하는 능력을 키우면 자신의 성향을 깨닫고 대책을 세우는 일로 이어집니다. 또한 부정적인 감정을 다스릴 때도 도움이 됩니다.

대응 의도를 기록한 예시

아이의 행동	자유롭게 놀다가 갑자기 짜증을 냈다.
보육자의 대응	괜찮다고 다정하게 달래며 조용한 장소로 데려가서 마사지를 해 주었다.
대응 의도	**청각과민 때문에 짜증이 났다고 생각했다.** 혼자 있게 하고 좋아하는 감각을 느끼게 해서 진정시켜야 한다고 생각했다.

아이의 행동	흥분해서 집 안을 뛰어다녔다.
보육자의 대응	좋아하는 색칠 공부를 권하고 한동안 옆에 같이 있어 주었다.
대응 의도	**각성 수준이 높은 듯해서** 좋아하는 놀이에 집중하게 하면서 각성 수준을 낮추려고 했다. 바로 옆을 떠나면 다시 뛰어다닐 것 같아서 진정될 때까지 옆에서 지켜봤다.

혹시 이야기를 나눌 시간이 부족하더라도 아이가 문제 행동을 일으켰을 때 취했던 대응과 의도했던 바를 시각화해 두면 서로 쉽게 정보를 공유할 수 있습니다. 또한 각자 보육 계획을 세울 때도 공유한 정보를 반영할 수 있습니다.

특히 집단에 섞이지 못하고 사람들과 잘 어울리지 못하는 아이를 담당하게 되면 다른 아이들이나 선생님과 교류할 일이 적어져서 보육자도 홀로 고립될 수 있습니다. 그런 상황을 피하기 위해서라도 각자의 기록을 바탕으로 소통해야 한다는 점을 잊지 마세요.

보육자가 한 대응에도 13쪽에서 설명했던 '빙산 모델'을 적용해서 행동의 의미를 공유해 주세요. 자신이 왜 그렇게 대응했는지 이유를 돌이켜 생각해 보고 글자로 적어 놓으면 보육자로서 아이를 보고 파악하는 능력을 키울 수 있고 도와줄 방법도 배울 수 있습니다. 정보를 공유하면 어떤 점을 어떻게 도와주어야 할지 생각의 폭이 넓어질 겁니다. 서로의 생각을 주고받는 멋진 팀플레이를 보여 주세요.

아이디어·제안

놀이를 100% 즐기기 위한 사전 정보

2장부터는 놀이법을 소개합니다. 놀이는 다음과 같이 분류했습니다. 각 놀이 설명에 붙어 있는 아이콘은 해당 놀이를 통해 발달이 기대되는 기능을 의미합니다.

이 책에서 소개한 감각통합놀이를 참고해서 아이와 재밌게 놀아 보시길 바랍니다. 아이는 놀이를 통해서 성장해야 한다는 점을 잊지 마세요.

장	주제	놀이 분류
제2장	신체 이미지	고유 감각 이상에 효과적인 놀이
제3장	균형 감각	전정 감각 이상에 효과적인 놀이
제4장	촉감 놀이	촉각 이상에 효과적인 놀이
제5장	몸동작	협응 운동 능력 이상에 효과적인 놀이
제6장	감각 만끽하기	감각 욕구 불균형에 효과적인 놀이
제7장	게임으로 배우기	게임을 통해 감각을 통합하는 놀이

〈아이콘별 특징〉

명칭	발달이 기대되는 능력	아이콘
파워 센서	힘의 강약을 조절하는 능력	
신체 이미지	자기 몸의 형태를 이해하는 능력	
시각 센서	시지각을 활용하는 능력	
균형 센서	몸의 균형을 조절하는 능력	
터치 센서	만져서 느끼거나 이해하는 능력	
청각 센서	듣고 이해하는 능력	
협응 능력	신체 각 부위를 함께 쓰는 능력	
정서 안정	마음을 안정시키는 능력	

제 2 장

놀이 편

신체 이미지

2장에서는 주로 고유 감각 이상에 효과적인 놀이를 소개합니다.

이런 아이에게 추천해요!

아이가 뒤집기를 하지 않아요.

놀이 01 공 만지기

이렇게 놀아요

위를 보고 누워 있는 아이에게 조심스럽게 공을 보여 주면서 아이가 손이나 발을 들게 합니다. 아이가 공을 잡으면 그대로 옆으로 돌려 쓰러뜨리는 놀이입니다. 손발을 들면 등만 바닥에 닿아 있어서 이리저리 흔들며 전정 감각을 자극할 수 있습니다. 재미있게 노는 사이에 옆으로 몸을 돌리는 감각을 익히게 됩니다. 참고로 놀이에 사용하는 공은 약간 바람이 빠진 비치볼이 적당합니다.

효과와 목적

- 중력을 거스르며 손발을 들어 올리는 동작을 통해 **몸 중심 근육에 힘을 주게 된다.**
- 손발을 들면 몸이 쉽게 옆으로 돌아간다.
- 조심스럽게 공을 보여 주면서 사물에 대한 호기심을 자극한다.

주의 사항

- 아이가 **눈으로 쫓을 수 있도록** 공을 천천히 보여 준다.
- 아이가 손발을 뻗으면 공을 잡을 수 있도록 내려 준다.
- 아이가 안심할 수 있도록 얼굴을 보면서 말을 건넨다.

놀이 전에 알아두세요!

공은 아이 손발 사이에 끼울 수 있는 크기가 좋습니다. 또한 아이가 잡기 쉽도록 살짝 바람이 빠진 비치볼 정도가 적당합니다. 아이가 좀처럼 손발을 들지 않으면 공 안에 방울을 넣어서 천천히 흔들어 보세요. 시각 자극에 더해 청각 자극도 줄 수 있습니다.

아이가 공을 제대로 붙잡으면 아이에게 건네주세요. 아이가 공을 잡고 있을 때 좌우 어느 쪽이든 공을 천천히 움직여서 옆으로 빙글 몸을 돌려 주면 성공입니다.

응용 놀이

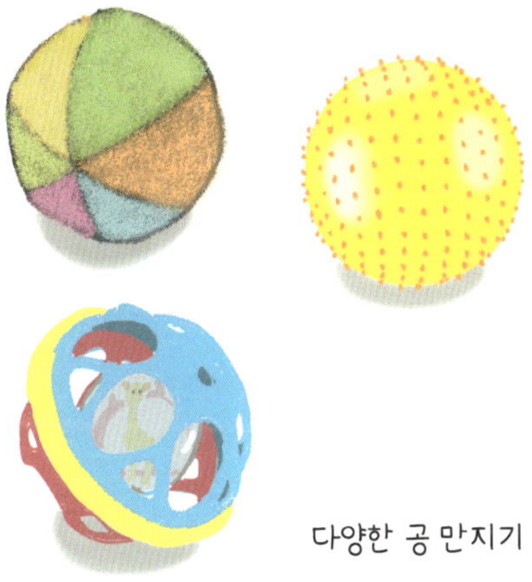

다양한 공 만지기

▶ 다양한 공 만지기

- 매끈매끈한 공
- 울퉁불퉁한 공
- 천으로 만든 공
- 방울이 들어 있는 공

다양한 소재로 만든 공을 사용하면 여러 가지 촉각을 느낄 수 있고 청각 자극도 줄 수 있습니다.

▶ 손잡고 빙글

누워 있는 아이 위로 손을 내밀어서 아이가 잡도록 합니다. 손을 잡고 가볍게 흔들다가 옆으로 몸을 돌려 주세요.

참고하세요!

이 놀이는 아이가 팔과 다리를 들어 중력에 거스르는 자세(항중력 자세)를 취하도록 유도하는 놀이입니다. 다양한 공을 사용해서 능동적으로 움직일 수 있도록 도와주세요. 몸을 흔들면서 관절과 근육을 쓰는 방법을 배우게 될 겁니다. 아이가 공을 잡기 어려워하면 어른이 직접 손을 잡고 움직여 주세요.

이런 아이에게 추천해요!

넘어질 때 손을 짚지 않아서 자주 다쳐요.

신체 이미지

균형 센서

협응 능력

놀이 02 슈퍼맨 놀이

이렇게 놀아요

부드러운 재질의 장난감 공 위에 아이를 엎드리게 합니다. 그다음 아이 다리나 허리 주변을 잡고 몸을 앞뒤로 문지르듯이 공을 움직입니다. 굴러가는 공 움직임에 맞추어서 손으로 바닥을 짚고 앞으로 가거나 공이 흔들리는 느낌을 즐길 수 있는 놀이입니다.

효과와 목적

- 흔들림에 맞추어서 손을 앞으로 내미는 낙하산 반사 행동을 끌어낸다.
- 손으로 몸을 지탱하는 힘과 목을 가누는 힘을 단련시킨다.
- 손으로 몸을 지탱할 때 자세를 유지하는 힘을 기른다.

주의 사항

- 주변에 부딪힐 만한 물건이 없는 안전한 장소에서 한다.
- 공은 손을 짚었을 때 등과 바닥이 수평이 될 수 있는 크기로 고른다.

놀이 전에 알아두세요!

이 놀이는 돌이 지나 혼자 걷기 시작할 즈음부터 할 수 있습니다. 아이가 손을 펴서 바닥에 대고 몸을 지탱하는지 유심히 살펴봐야 합니다. 아이가 좀처럼 손을 뻗지 않으면 공을 움직이는 속도를 조절해 보세요. 다만, 전정 감각 변화에 둔한 아이는 손을 뻗는 타이밍을 놓칠 수도 있으니 항상 어른이 옆에서 지켜봐야 합니다. 손을 뻗어 보라고 다정히 말을 건네서 아이를 안심시켜 주세요.

응용 놀이

한 손 슈퍼맨

▶ 한 손 슈퍼맨

공 위에 엎드려서 한 손은 바닥을 짚고 다른 한 손은 앞으로 들어 주세요. 어른은 옆에서 아이 몸이 비스듬히 기울어지도록 받쳐 줍니다. 어른이 먼저 시범을 보여 준 다음 따라 하게 해 보세요.

▶ 거꾸로 나는 슈퍼맨

엎드린 자세가 아니라 공 위에 누워서 흔들림을 즐길 수도 있습니다. 단순히 흔들리는 감각을 즐기기만 해도 충분하지만 누운 자세로도 손을 바닥에 댈 수 있다면 도전해 보세요.

참고하세요!

낙하산 반사는 갑작스럽게 몸을 움직였을 때 균형이 무너지는 쪽으로 손발을 뻗어 몸을 지탱하는 반사 반응입니다. 하지만 전정 감각에 이상이 있으면 손발이 반사적으로 나가지 않는 아이도 있습니다. 아이가 무서워하면 억지로 시키지는 마세요. 반대로 아이가 지나치게 흥분하면 놀이 후에 마음을 가라앉힐 수 있게 진정시켜 주어야 합니다.

이런 아이에게 추천해요!

손끝 동작이 서툴러요.

파워 센서 터치 센서 정서 안정

놀이 03 손가락 산책

이렇게 놀아요

손가락과 손가락을 맞대고 고유 감각과 촉각을 조절하면서 노는 놀이입니다. 아이와 마주 서서 집게손가락을 서로 맞대 주세요. 어른은 "지금부터 손가락을 데리고 산책하는 거야. 떨어지지 말고 잘 따라와야 해"라고 말하며 손가락을 움직입니다. 아이는 손가락을 떼지 않은 채로 어른의 손가락을 따라 자기 손가락을 움직입니다.

효과와 목적

- 손끝에 집중해서 촉각과 고유 감각을 느끼며 움직인다.
- 손목과 팔꿈치, 어깨 관절, 팔 근육을 유연하게 사용한다.
- 다른 사람과 적당한 거리를 유지하며 노는 법을 배운다.

주의 사항

- 손가락 하나로 잘 따라오지 못하면 손바닥을 맞대고 한다.
- 손끝에서 눈을 떼지 않아야 집중하기 쉽다.

놀이 전에 알아두세요!

이 놀이는 손끝을 사용하는 놀이이기에 3~4세 이상이면 재밌게 즐길 수 있습니다. 아이가 손끝을 자연스럽게 사용하지 못하면 대신 손바닥을 맞대고 산책해 보세요. 손바닥이라면 2세 아이도 충분히 즐길 수 있습니다.

손가락은 아이가 편하게 따라올 수 있는 속도로 움직여 주세요. 또한 놀이 중에 "손가락이 딱 붙어 있네", "팔까지 제대로 움직이고 있구나"라며 손가락이나 손, 팔의 움직임을 구체적으로 칭찬해 주면 더 효과적입니다.

응용 놀이

다섯 손가락 산책

▶ 다섯 손가락 산책

다섯 손가락을 각각 맞대고 손가락 산책을 합니다. 각 손가락으로 감각을 느낄 수 있어서 한 손가락만 붙였을 때보다 더 쉽게 움직일 수 있습니다.

▶ 양손 산책

양손 집게손가락을 각각 맞대고 산책해 보세요. 어른은 왼손과 오른손을 비대칭으로 움직입니다. 아이는 양손 손가락을 따로따로 의식하면서 각각 다른 좌우 움직임에 맞추어 갑니다.

참고하세요!

이 놀이는 손끝으로 촉각과 고유 감각을 느끼면서 상대의 움직임에 맞추어 손가락을 움직이는 놀이입니다. 언제 어디서든 누구나 함께 간단히 즐길 수 있습니다. 감각을 더 잘 느낄 수 있도록 놀이 시작 전에 아이 손끝과 손가락 관절을 마사지해 주세요. 감각을 자극하면 손가락이 더 자연스럽게 움직일 겁니다.

이런 아이에게 추천해요!

신체 이미지를 떠올리지 못해요.

놀이 04 거미집 탈출하기

이렇게 놀아요

실내에 고무줄이나 비닐 끈을 매달아서 거미집처럼 만들고 거미줄에 닿지 않도록 엎드려 기어가거나 넘어가는 놀이입니다. 끈의 높이와 간격을 조정해서 놀이의 난도를 조절할 수 있으니 아이 나이에 맞추어 어렵게 만들면 더욱 흥미진진하게 즐길 수 있습니다. 이 놀이는 거미줄에 닿지 않고 지나갈 수 있는지가 포인트입니다. 잘하는 아이의 동작을 칭찬해서 다른 아이들의 관심을 끌어 주세요.

효과와 목적

- 자기 몸의 크기와 움직임을 의식한다.
- 신체 이미지 형성을 도와준다.
- 목표 지점에 도달하기 위해 다양한 동작을 구성하는 능력을 기른다.

주의 사항

- 넘어져도 다치지 않도록 주변 안전에 주의한다.
- 놀이 전에 아이가 고무줄과 비닐 끈을 만져 보고 익숙해지게 한다.

놀이 전에 알아두세요!

처음에는 고무줄(또는 비닐 끈) 4~5개로 시작하고 익숙해지면 수를 늘리거나 높낮이에 변화를 주는 식으로 조금씩 구성을 바꾸어 보세요.

고무줄을 통과하는 일에만 열중하다 보면 고무줄에 닿았는지 아닌지 모를 수 있습니다. 그럴 때는 고무줄에 방울을 달아서 닿으면 소리가 나도록 해 주세요. 또한 친구가 하는 모습을 보면 조금 더 쉽게 머릿속으로 이미지를 그릴 수 있으니 잘하는 아이가 있으면 이름을 불러서 다른 아이들의 시선을 모아 주세요. 익숙해지면 팀을 나누어서 시간을 겨루는 방식으로 시합해도 재밌습니다.

응용 놀이

거미줄 이어달리기

▶ 거미줄 이어달리기

팀을 나누어서 이어달리기 방식으로 응용해 보세요. 갈 때는 기어가고 돌아올 때는 뛰어오기로 하거나 갈 때도 돌아올 때도 기어 오기로 하는 등 규칙을 다양하게 정하면 더 재밌게 놀 수 있습니다.

▶ 거미줄 경주

시간을 재서 기록을 겨룰 수도 있습니다. 전신을 유연하게 움직이다 보면 힘의 강약도 자연스럽게 느낄 수 있을 겁니다.

참고하세요!

이 놀이는 실제 거미집 안에 들어가는 듯한 긴장감도 자아냅니다. 동시에 순서를 생각하면서 동작을 기획하는 경험도 쌓을 수 있습니다. 단, 시간 겨루기가 목적이 아니라는 사실을 잊지 마세요. 어디까지나 자기 몸을 이해하고 조절하는 경험을 쌓는 것이 포인트입니다. 우선은 천천히 기어서 통과하기부터 시작해 보세요.

이런 아이에게 추천해요!

손끝 동작이 서툴고, 시지각력이 부족해요.

놀이 05 빨래집게 놀이

이렇게 놀아요

준비물
- 종이테이프
- 양말 모양 카드
- 빨래집게

폭 15cm, 길이 150cm 정도의 끈을 벽에 붙입니다. 이때 끈은 종이테이프를 서로 맞붙여서 만들어 보세요. 끈에 적힌 숫자 위치에 양말 모양으로 자른 카드 두 장을 빨래집게로 매다는 놀이입니다. 끈과 카드 두 장이 한 세트가 되도록 빨래집게로 고정해 주세요.

선 자세로 상반신과 팔을 사용하는 이 동작은 식사 중에 그릇을 잡거나 가위를 쓰는 동작을 익히는 훈련도 됩니다.

양말 모양 카드가 떨어지지 않게 빨래집게로 집는다.

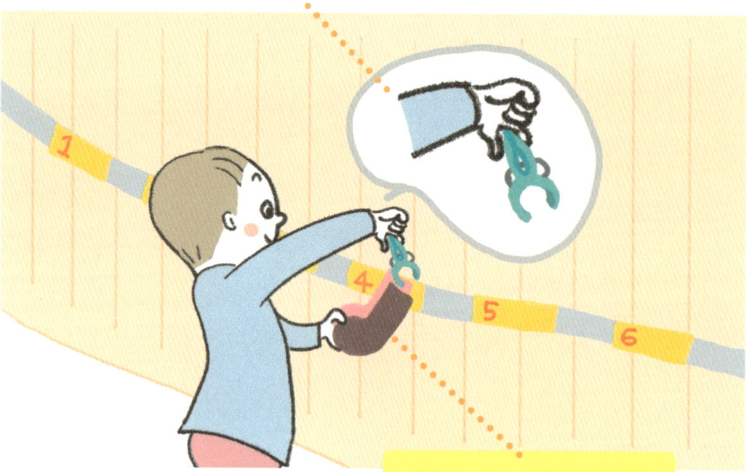

위치에 적힌 숫자를 확인하고 집는다.

효과와 목적

- 팔을 수평 방향으로 들고 움직이는 힘을 기른다.
- 주로 쓰는 손과 아닌 손의 협응 동작을 유도한다.
- 사물을 유심히 보고 손으로 제어하는 방법을 습득한다.

주의 사항

- 빨래집게에 손이 물리지 않도록 조심한다.
- 아이가 어려워하면 카드는 어른이 들어 주고 아이는 빨래집게로 집는 동작만 하게 한다.

놀이 전에 알아두세요!

빨래집게는 아이들이 가지고 놀기 좋아하는 도구 중 하나입니다. 공중에 매달려 있는 물체로 팔을 뻗어 무언가를 하는 동작은 쉽지 않지만, 게임처럼 즐길 수 있는 놀이라 아이들이 좋아합니다. 식사 도구나 가위 같은 물건을 다루는 훈련도 되는 놀이인 만큼 4세 이상 아이들에게 추천합니다.

빨래집게 놀이를 하다 보면 자기 손을 잘 보지 않는 아이도 자연스럽게 손을 보게 됩니다. 게임 방식으로 친구와 시합하거나 시간 안에 얼마나 많은 양말 카드를 매달 수 있는지 도전해 보세요. 카드를 아이가 좋아하는 캐릭터로 만들면 아이의 관심을 끌 수 있을 겁니다.

응용 놀이

카드 맞추기

▶ 카드 맞추기

끈에 그려 놓은 그림과 똑같은 카드를 찾아서 빨래집게로 매달아 주세요. 그림을 기억하고 이리저리 움직이며 카드를 찾는 방식도 재미있을 겁니다.

▶ 내 맘대로 달기

기본적으로 카드 장수가 적을수록 동작을 수행하기는 쉽습니다. 아이 팔의 발달 단계에 맞추어 카드 장수를 바꾸어 보세요. 몇 장을 매달지는 아이가 직접 정하게 하는 것이 좋습니다.

참고하세요!

아이가 서서 하기 어려워하면 우선은 앉아서 빨래집게를 사용하는 방식으로 시작해 주세요. 또한 빨래집게 용수철의 강도를 미리 조절해서 약하게 해 두면 아이가 더 편하게 조작할 수 있습니다. 빨래집게 종류를 다양하게 준비해서 아이에게 직접 고르게 하면 어떨까요? 한층 더 신나는 놀이가 될 겁니다.

이런 아이에게 추천해요!

신체 이미지를 떠올리지 못해요.

놀이 06 온몸으로 청기 백기

이렇게 놀아요

오른손에는 빨간 장갑, 왼손에는 파란 장갑을 끼고, 오른발에는 노란 양말, 왼발에는 초록 양말을 신는 식으로 준비해 주세요. 어른이 "빨강 올려", "파랑 올려", "노랑 내려"와 같이 지시를 내립니다. 지시를 받은 아이는 손이나 발을 올렸다 내렸다 합니다. 이때 손은 번쩍 높이 들고 다리도 무릎이 90도가 되도록 올리게 해 주세요.

효과와 목적

- 근육과 관절을 적절하게 움직인다.
- 다리를 들어 올리면서 균형을 잡는 경험을 한다.
- 지시를 이해하고 적절한 동작을 수행한다.

주의 사항

- 지시는 아이가 힘들지 않게 자세를 취할 수 있는 선에서 내린다.
- 아이가 한 발로 서기를 어려워하면 발을 살짝 들게만 한다.

놀이 전에 알아두세요!

손을 위로 번쩍 들고 무릎이 90도로 꺾이게 다리를 드는 자세가 어떤 자세인지 놀이 전에 그림으로 보여 주고, 아이가 몸의 형태를 상상할 수 있도록 도와주세요. 이왕이면 관절과 근육을 충분히 활용해서 놀아야 합니다. 지시를 내리는 속도에 변화를 주면 한층 재미를 돋울 수도 있고, 몸을 다양하게 움직이는 경험도 할 수 있습니다.

아이가 지시대로 몸을 움직이지 못하면 어른이 앞에 서서 시범을 보여 주세요. 참고로 장갑이나 양말이 없다면 손과 발에 스티커를 붙여서 색을 구분하는 방법도 있습니다.

응용 놀이

누워서 청기 백기

▶ 누워서 청기 백기

서서 하던 청기 백기 놀이를 누워서도 할 수 있습니다. 아이가 어떻게 하는지 이미지를 떠올리지 못하면 어른이 먼저 시범을 보여 주세요. 누워서 하면 두 다리를 같이 올렸다 내렸다 할 수 있어서 동작의 폭이 넓어집니다.

▶ 거울 체조

우선 아이와 마주 서 주세요. 어른이 앞에서 다양한 동작을 합니다. 아이는 어른의 동작을 흉내 내며 똑같이 팔다리를 움직입니다.

참고하세요!

이 놀이를 통해 좌우 팔다리를 의도적으로 움직이다 보면 신체 이미지를 떠올리는 능력이 향상됩니다. 고유 감각을 충분히 느끼는 동시에 한쪽 다리로 서는 동작을 통해 전정 감각도 자극을 받습니다. 또한 지시를 듣고 빠르게 반응하는 훈련은 신체 이미지 형성에 미숙한 아이에게 꼭 필요한 놀이입니다. 여러 명이 함께할 수 있으니 모두 모여 함께 놀아 보세요.

이런 아이에게 추천해요!

시지각력이 부족하고 힘 조절을 어려워해요.

파워 센서

시각 센서

정서 안정

놀이 07 함께 집짓기

이렇게 놀아요

아이와 어른이 2인 1조로 작은 블록을 함께 쌓아 주세요. 단 블록을 쌓을 때는 집게손가락 하나만 사용합니다. 서로 적당히 힘을 조절하고 협동해서 블록을 10개 정도 쌓아 보세요. 들어 올릴 때나 내려놓을 때 구호를 정해서 박자를 맞추면 더 쉽게 쌓을 수 있습니다.

효과와 목적

- 사물을 집중해서 보는 힘을 기른다.
- 힘의 강약을 조절하는 법을 배운다.
- 힘을 모아 함께하는 즐거움을 경험한다.

주의 사항

- 아이가 집게손가락만으로 하기 힘들어하면 손가락 두 개를 쓰거나 손바닥으로 한다.
- 손가락으로 들었을 때 느낌이 확실하게 전해지도록 약간 묵직한 블록을 사용한다.

놀이 전에 알아두세요!

손목은 어느 정도 비틀지, 손끝에 힘은 얼마나 주어야 하는지 생각하면서 상대와 호흡을 맞추어 놀아 보세요. 블록을 조심히 쌓아 올리는 과정에서 집중력도 키울 수 있습니다. 블록을 10개 정도 쌓으면 자연스럽게 양쪽에서 잡고 함께 자리에서 일어서는 동작도 하게 됩니다. 쌓다가 블록이 쓰러져도 그 자체로 충분히 재미있을 겁니다. 실패하면 몇 번이고 다시 도전할 수 있고 성공하면 성취감도 맛볼 수 있습니다. 쌓을 블록 개수는 아이의 발달 단계에 맞추어서 조정해 주세요. 놀이법에 익숙해지면 아이들끼리도 할 수 있는 놀이입니다.

응용 놀이

옮겨서 집 짓기

▶ 옮겨서 집 짓기

블록을 쌓을 위치를 약간 떨어진 곳으로 정하고 블록을 맞잡은 채로 걸어가서 쌓아 보세요. 단순히 제자리에서 쌓을 때보다 난도가 한 단계 올라갑니다.

▶ 젠가

집 짓기 블록 대신 젠가를 이용해서 가로세로 두 개씩 교대로 쌓으며 탑 모양을 만들어 보세요.

참고하세요!

이 놀이는 각자 고유 감각을 통해 블록을 받치는 힘을 느끼면서 상대에게 맞추어 자기 힘을 조절해야 합니다. 집짓기 블록을 쌓는 단순한 놀이지만 쓰러트리면 안 된다는 게임 성격도 있어서 생각보다 재밌게 즐길 수 있을 겁니다. 블록을 들고 걸어가서 쌓거나 블록 대신 젠가를 이용하는 방식으로 응용해도 같은 효과를 얻을 수 있습니다. 조금 어려워지겠지만 아이의 도전 정신을 자극해 보세요.

이런 아이에게 추천해요!

신체 움직임이 부자연스러워요.

신체 이미지

청각 센서

협응 능력

놀이 08 따라 하기 가위바위보

이렇게 놀아요

몸으로 가위바위보 동작을 하는 놀이입니다. 바위 자세는 다리를 모으고 팔짱을 끼워 주세요. 가위 자세는 한쪽 발을 든 채로 양팔을 위로 높게 들고, 보 자세는 팔과 다리를 큰대자로 넓게 벌리면 됩니다. 어른이 "따라 하기 가위바위보! 보!"라고 외치면 아이는 보 자세를 취하고, 바위나 가위를 외치면 해당 자세를 취합니다.

효과와 목적

- 순간적으로 **동작을 바꾸는 능력**을 기른다.
- 자기 몸의 각 부위를 의식하고 움직인다.
- 양팔과 양다리의 협응 운동 능력을 기른다.

주의 사항

- 아이가 자세 잡기를 어려워하면 **손동작만 하게 한다.**
- 아이의 반응 속도를 보고 지시를 내리는 속도를 조절한다.

놀이 전에 알아두세요!

몸의 왼쪽과 오른쪽을 동시에 조절하는 능력을 '양측 통합'이라고 합니다. 처음에는 왼쪽과 오른쪽 동작이 같은 자세부터 시작해 주세요. 가위 자세는 한쪽 발을 들어야 하니 좌우 움직임이 달라서 조금 어려울 수 있지만, 천천히 변화를 주어 흥미를 자극해 봅시다.

어른의 목소리를 듣고 이해해서 순간적으로 자세를 잡아야 하는 놀이이다 보니 유연하게 자세를 바꾸는 능력도 기를 수 있습니다. 지시를 내리는 속도에 변화를 주면 듣고 이해하는 능력을 단련시킬 수 있고, 자세를 유지하기 위해 고유 감각과 전정 감각도 사용하게 됩니다.

응용 놀이

몸 가위바위보

▶ 몸 가위바위보

앞서 설명한 자세를 사용해서 실제 가위바위보를 해 보세요. 진 아이는 벌칙으로 그 자리에서 한 바퀴를 돕니다. 다양한 규칙을 정하면 더 재미있게 놀 수 있습니다.

▶ 몸 가위바위보 2

가위바위보에서 이긴 아이가 진 아이에게 '달리기'나 '걷기'와 같은 지시를 내립니다. 진 아이는 지시에 따라 이긴 아이의 주위를 한 바퀴 돌아 주세요.

참고하세요!

양측 통합 감각을 단련하는 훈련은 한 손으로 종이를 잡고 다른 손으로 글씨를 쓰거나 자르는 일처럼 왼쪽과 오른쪽을 각각 다르게 움직이는 고난도 동작의 바탕이 됩니다. 이때 좌우를 똑같이 움직이는 동작에서 좌우를 각각 다르게 움직이는 동작으로 발전해 가는 놀이가 좋습니다. 아이가 자세에 익숙해지면 새로운 자세를 추가해서 계속 업데이트해 주세요.

이런 아이에게 추천해요!

힘 조절을 어려워해요.

파워 센서 시각 센서 협응 능력

놀이 09 풍선 띄우기

이렇게 놀아요

바람을 넣은 풍선을 손바닥으로 가볍게 쳐서 공중으로 띄워 주세요. 너무 세게 치면 풍선이 다시 손 위로 떨어지지 않기 때문에 힘 조절이 중요한 놀이입니다. 또한 풍선에서 눈을 떼지 않고 있다가 타이밍을 맞추어야 합니다. 떨어뜨리지 않고 몇 번이나 띄울 수 있는지 세어 보세요.

효과와 목적

- 움직이는 물체를 눈으로 쫓는 능력을 기른다.
- 풍선을 치는 힘의 세기를 조절한다.
- 풍선의 움직임에 따라 **몸의 움직임을 조절해서 맞춘다.**

주의 사항

- 아이가 혼자 반복하기 힘들어하면 어른이 함께한다.
- 주변에 부딪치지 않도록 **넓은 장소**에서 한다.

놀이 전에 알아두세요!

움직이는 풍선에서 눈을 떼지 않고 풍선을 따라가는 놀이입니다. 이때 눈의 움직임을 '추적 안구 운동'이라고 합니다. 우리는 추적 안구 운동을 통해서 사물의 형태나 다른 사람과의 거리를 파악하고 몸의 균형을 잡습니다. 5~6세가 되면 기능이 충분히 발달한다고 하니 풍선을 사용하면 자연스럽게 안구를 움직이게 할 수 있습니다. 힘을 적절하게 조절하지 않으면 풍선이 엉뚱한 방향으로 날아가 버리기 때문에 어깨 관절부터 팔까지 부드럽게 적당히 힘을 조절할 수 있는지가 포인트입니다. 하다 보면 아이도 요령을 터득할 겁니다.

응용 놀이

단체 풍선 배구

▶ 풍선 배구

어른과, 또는 아이 둘이 2인 1조가 되어 풍선을 서로에게 넘기는 놀이입니다. 떨어뜨리지 않고 이어가야 하는 놀이이니 아이가 쳐서 넘기기 편하도록 풍선을 살짝 밀어 올려 주세요.

▶ 단체 풍선 배구

세 명 이상이 둥글게 서서 서로에게 풍선을 넘기는 놀이입니다. 서로서로 응원하면서 최대한 오래 이어 가 보세요.

참고하세요!

풍선 띄우기 놀이는 게임 성격이 강한 놀이입니다. 혼자서 떨어뜨리지 않고 몇 번이나 쳤는지 기록을 경신해 갈 수도 있고, 둘이 하거나 셋 이상이 모여서 함께 즐길 수도 있습니다. 둥실둥실 날아오르는 풍선은 보기만 해도 기분이 좋아지는 아이템입니다. 아이가 좋아하는 색 풍선을 고르도록 하면 한층 더 신이 나지 않을까요?

이런 아이에게 추천해요!

신체 움직임이 부자연스러워요.

신체 이미지

정서 안정

협응 능력

놀이 10 함께 나르기

이렇게 놀아요

아이들이 2인 1조로 바닥에 있는 인형을 수건 위에 올려서 목적지로 옮기는 놀이입니다. 인형이 목욕 수건에서 떨어지지 않도록 친구와 보조를 맞추어서 일어선 다음, 서로 힘과 걷는 속도를 맞추어야 합니다. 아이들이 어려워하면 어른이 함께해 주세요.

효과와 목적

- 상대의 힘을 생각하며 보조를 맞추는 경험을 쌓는다.
- 힘 조절 능력을 기른다.
- 상반신과 하반신을 따로 제어하며 움직인다.

주의 사항

- 양손을 다 사용해야 하니 넘어지지 않도록 조심한다.
- 키가 비슷한 아이끼리 짝을 맺어 준다.

놀이 전에 알아두세요!

이 놀이는 안정적으로 걸을 수 있는 나이부터 할 수 있습니다. 아이는 놀이를 통해 힘의 강약을 조절해서 상대에게 맞추는 요령을 배워 갈 겁니다. 또한 수건을 놓치지 않고 목적지까지 가려면 안정적인 자세를 유지해야 하므로 자연스럽게 몸에 힘이 들어가서 몸의 중심 근육 발달에도 도움이 됩니다. 또한 손목과 팔을 제어하는 훈련도 됩니다. 예를 들면, 컵을 놓치지 않고 잡는 동작의 기초를 다질 수 있습니다.

응용 놀이

공 옮기기

▶ 공 옮기기

인형 옮기기에 성공했다면 다음에는 공을 옮겨 보세요. 공처럼 잘 굴러가는 물건을 옮기려면 서로가 힘 조절에 더 신경 써서 협력해야 합니다.

▶ 단체로 공 옮기기

아이 네 명이 각자 수건 모서리를 한 군데씩 잡습니다. 이때는 공도 네 개로 늘려서 옮겨 보세요.

▶ 막대로 공 옮기기

5~6세 아이라면 둘이 서로 마주 서서 막대기 두 개를 들고 그 위에 공을 올려서 옮기는 고난도 놀이에도 도전해 보세요.

참고하세요!

이 놀이는 팀원들이 하나가 되어 목표를 달성하는 오락 게임입니다. 힘의 강약을 적당히 조절하고 몸의 방향과 팔다리 움직임을 제어하면서 팀원들과 함께 물건을 옮겨 보세요. 팀워크와 소통 능력이 쑥쑥 자라날 겁니다.

이런 아이에게 추천해요!

가만히 있지를 못해요.

신체 이미지

시각 센서

균형 센서

놀이 11 콩주머니 옮기기

이렇게 놀아요

먼저 아이를 네 발로 엎드리게 합니다. 그다음 등과 머리에 콩주머니를 올리고 시작을 외쳐 주세요. 아이는 등과 머리에 있는 물체를 의식하면서 도착 지점까지 네발로 기어갑니다. 도중에 콩주머니가 떨어지면 다시 올려 주세요.

떨어뜨리지 않고 가야 한다는 사실을 잊어버리지 않도록 중간중간 천천히 가라고 응원해서 기억을 상기시켜 줍니다.

효과와 목적

- 몸의 중심 근육을 고정한 채로 균형을 잡는다.
- 가는 방향을 주시하면서 몸을 움직인다.
- 신체 이미지 형성 능력을 기른다.

주의 사항

- 콩주머니를 떨어뜨려도 다시 올려 줄 거라고 미리 알려 준다.
- 아이가 앞을 똑바로 보고 가도록 주의를 준다.
- 아이가 어려워하면 손수건처럼 잘 떨어지지 않는 물건을 사용한다.

놀이 전에 알아두세요!

아이는 머리를 똑바로 들고 네발로 엎드린 자세를 취합니다. 손목과 어깨, 엉덩이, 무릎에 있는 관절은 물론, 다리와 팔 근육까지 유연하게 사용하면서 앞으로 기어가야 합니다. 머리에 올린 콩주머니는 떨어지기 쉬우니 아이가 어려워하면 등에만 올려 주세요.

아이는 균형을 잡으려고 전정 감각을 사용하고 몸의 중심축을 느끼면서 중심 근육을 발달시켜 갈 겁니다. 또한 손목과 어깨, 엉덩이, 무릎에 있는 관절을 사용하면 자연스레 자기 몸을 의식하면서 신체 이미지도 떠올리게 됩니다.

응용 놀이

국자 이어달리기

▶ 국자 이어달리기

국자에 담은 탁구공을 떨어뜨리지 않고 옮겨 보세요. 도착 지점까지 갔다가 돌아오면 다음 아이가 출발하는 이어달리기 형식으로 즐길 수 있습니다.

▶ 워킹 게임

똑바로 선 자세로 머리에 콩주머니를 얹고 균형을 잡으면서 도착 지점까지 갑니다. 도착하면 콩주머니를 다음 차례 아이 머리 위에 올려서 이어 가는 놀이입니다.

참고하세요!

이 놀이의 목적은 속도 겨루기가 아닙니다. 오래 걸리더라도 머리에 올린 콩주머니를 떨어뜨리지 않고 옮겨야 한다는 생각에 집중할 수 있게 해 주세요. 능숙하게 콩주머니를 옮기게 되면 등에 올리는 콩주머니 개수를 늘리거나 자세를 높여서 팔다리로 기어가는 방식으로 응용할 수도 있습니다.

column

왜냐고 묻지 마세요

혹시 아이가 난감한 행동을 했을 때 왜 그런 짓을 했냐고 물어본 적 없으신가요? 그 질문에 제대로 대답한 아이가 얼마나 있었을지 궁금합니다.

종일 집 안을 뛰어다니는 아이가 "나는 전정 감각이 둔해서 감각 욕구가 강하기 때문에 어쩔 수 없어"라고 대답할 리가 없을 테니까요. 전정 감각이나 감각 욕구에 관한 부분은 어른이 아이 몸속에서 벌어지는 일을 이해하고 가설을 세워야 하는 문제입니다.

아이는 어른의 질문에 대답은커녕 오히려 어떻게 묻는지에 따라 압박감을 느껴서 정서가 불안해질 수도 있습니다. 불안에 떨면서 어떻게 하면 용서받을 수 있을지만 생각하게 됩니다. 그렇게 대답을 찾지 못한 아이는 결국 얼음처럼 굳어 버리거나 입을 꾹 닫은 채로 더욱 궁지에 몰려 갑니다.

게다가 시끄러워서 다른 아이들과 함께 있기 힘들다고 말하는 아이에게 "눈앞의 일에만 집중해 봐", "다들 참고 있어. 너만 그런 게 아니야"라고 말하면 체념한 아이는 힘들다는 말조차 하지 않게 됩니다.

우선은 아이의 행동을 감각통합 관점으로 이해해 보고, 배경에 있는 이유에 관해 가설을 세워 보세요. 어른이 유심히 살펴보고 대응책을 생각해야 합니다.

아이의 행동과 이유를 선으로 연결해 보세요

앉아 있지 못한다/뛰어다닌다 (A)	(a) 신체 이미지 형성 능력이 부족하다
무서워서 계단을 내려가지 못한다 (B)	(b) 각성 수준을 조절하지 못한다
옷 갈아입기를 싫어한다 (C)	(c) 전정 감각이 예민하다
친구들을 때린다 (D)	(d) 고유 감각에 대한 감각 욕구가 강하다
멍하니 다른 사람 말을 흘려듣는다 (E)	(e) 힘 조절을 어려워한다

정답 (A)-(d) (B)-(c) (C)-(a) (D)-(e) (E)-(b)

* 감각통합 관점을 기준으로 본 정답임.

제 3 장

놀이 편

균형 감각

3장에서는 주로 전정 감각 이상에 효과적인 놀이를 소개합니다.

이런 아이에게 추천해요!

앉은 다음 혼자 움직이지 못해요.

신체 이미지

균형 센서

정서 안정

놀이 12 수건 썰매

이렇게 놀아요

움직이는 목욕 수건 위에 앉아서 전정 감각의 변화를 느끼며 균형을 잡는 놀이입니다. 바닥에 목욕 수건을 넓게 펼치고 다리를 앞으로 내민 자세로 아이를 앉혀 주세요. 그다음 수건을 앞이나 옆, 뒤로 천천히 잡아당깁니다. "버스 출발합니다!", "우회전합니다!", "도착했습니다!"와 같이 재밌게 말을 건네며 움직여 보세요.

효과와 목적

- 균형을 유지하려고 힘을 주는 과정에서 앉은 자세를 지탱하는 **몸 중심 근육이 발달**한다.
- 엉덩이를 사용해 앉아 있는 방법을 배운다.
- 넘어지려는 순간 손을 뻗어 짚게 된다.

주의 사항

- 아이가 반응할 수 있도록 수건을 천천히 움직인다.
- 갑자기 움직이지 말고 반드시 **먼저 알려 준다.**

놀이 전에 알아두세요!

아이 몸이 휘청일 때 손을 뻗어 받치려고 하는지 확인하세요. 몸의 움직임에 따라 넘어지지 않으려고 손을 펼치거나 균형을 잡으려는 움직임이 보이면 좋은 신호입니다.

아이가 수건이 움직이는 방향에 맞추어 균형을 유지하려고 하는 모습이 보이면 앉아 있을 힘이 생겼다는 증거입니다.

응용 놀이

상자 썰매

▶ 상자 썰매

앉은 자세가 금방 흐트러지면 썰매로 목욕 수건 대신 상자를 이용해 보세요. 종이 상자 안에 앉으면 상자가 자세를 유지할 수 있게 도와주어서 아이도 안심하고 놀 수 있습니다.

상자 썰매를 아이가 직접 끌어 보게도 할 수 있습니다. 아이가 힘 조절을 어려워하면 어른이 함께 끌어 주세요. 상자 썰매를 밀어서 움직이게 하는 방식으로도 응용할 수 있습니다. 다양한 방법으로 고유 감각을 충분히 채워 주세요.

참고하세요!

이 놀이는 자세 바꾸기를 어려워하는 아이에게 추천합니다. 어른이 앞에서 말을 건네며 움직여 주면 아이도 마음을 놓을 수 있습니다. 목욕 수건의 움직임에 따라 흔들림을 즐기고 이런저런 자세 변화를 경험할 수 있는 놀이입니다. 아이가 불안하지 않게 마음을 달래 주면서 기분 좋은 감각을 느끼게 해 주세요.

이런 아이에게 추천해요!

거리감이 없어서 자꾸 부딪쳐요.

신체 이미지 · 시각 센서 · 정서 안정

놀이 13 손바닥 쿵짝!

이렇게 놀아요

양손으로 무릎을 친 다음 상대를 향해 손바닥을 뻗는다.

어른이 양손을 내밀면 아이가 자기 손을 마주치는 놀이입니다. 아이와 2인 1조가 되어서 먼저 양손으로 무릎을 한 번 친 다음 적당한 거리를 두고 아이 쪽으로 내밀어 주세요. 아이도 무릎을 한 번 친 다음 어른과 손바닥을 마주칩니다. 거리와 위치를 다양하게 바꾸어 가면서 손바닥을 마주쳐 보세요.

효과와 목적

- 양손의 폭과 위치를 눈으로 파악해서 자연스럽게 두 손을 함께 움직인다.
- 계속해서 바뀌는 상대의 손 위치에 맞추어서 자기 손의 위치와 폭을 시각과 촉각으로 파악하고 손과 팔 관절, 근육의 움직임을 적절하게 조절한다.

주의 사항

- 아이가 마주치기 편한 폭과 위치를 찾아내서 손을 내민다.
- 아이가 따라오기 편한 박자와 속도를 고려한다.

놀이 전에 알아두세요!

쿵짝, 쿵짝, 서로가 리듬에 맞추어 구호를 외치며 양손을 맞부딪쳐 보세요. 처음에는 천천히 하다가 점점 속도를 올리면 재미도 올라갈 겁니다.

손은 단순히 앞으로 부딪쳐도 좋고, 위에서 아래로, 또는 대각선으로 비스듬히 부딪쳐도 상관없습니다. 사이를 벌렸다가 좁혔다가 바꾸어 가면서 놀이를 즐겨 보세요. 4~5세 이상이면 아이들끼리도 할 수 있는 놀이입니다. 하이파이브처럼 두 손이 찰싹 맞부딪치는 감각과 변화를 즐겨 보세요.

앞으로 내민 손의 위치를 시각으로 파악하고 인식해서(시각과 촉각) 반응하는 과정을 통해 공간과 몸의 위치를 파악하는 능력이 발달하면 전정 감각 이상도 개선될 겁니다.

응용 놀이

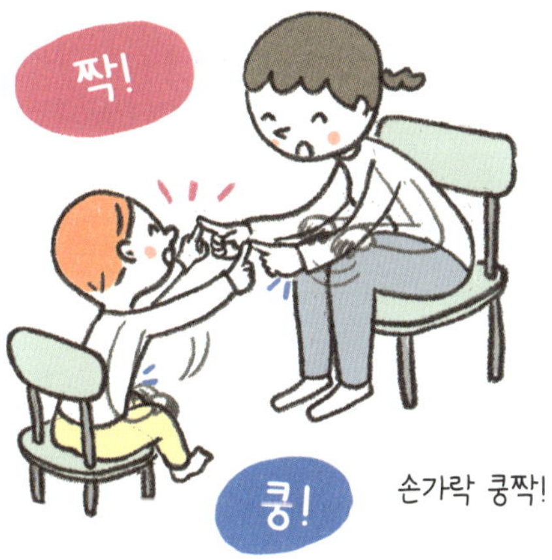

손가락 쿵짝!

▶ 손가락 쿵짝!

손바닥 대신 집게손가락을 맞부딪치는 놀이입니다. 집게손가락을 세우고 손바닥으로 할 때와 같은 리듬으로 손끝과 손끝을 붙여 보세요.

▶ 크로스 쿵짝!

손바닥과 손가락을 번갈아 맞부딪치고 양손을 교차시키는 방식도 적용해 보세요. 어른의 동작을 따라 아이가 손바닥, 손가락, 크로스에 맞추어 대응하도록 합니다.

참고하세요!

관절과 근육을 부드럽게 움직이면 고유 감각 발달에도 도움이 됩니다. 리듬을 주고받으며 상대를 배려하는 마음도 길러 주세요. 손바닥으로 시작해서 손가락, 크로스까지 한 단계씩 올라가 봅시다. 상대와 정확히 맞부딪쳤을 때 느끼는 성취감은 소중한 경험이 됩니다.

이런 아이에게 추천해요!

사물 인지력이 낮고 균형을 잡지 못해요.

놀이 14 빙글빙글 후프 속으로

이렇게 놀아요

훌라후프를 바닥과 수직이 되도록 세운 상태에서 손목을 사용해 팽이처럼 빙글빙글 돌립니다. 돌아가던 후프가 점점 느려지면서 바닥에 쓰러지려고 할 때 옆에서 지켜보다가 타이밍을 잡아서 후프 안으로 점프하는 놀이입니다. 아이가 혼자 타이밍을 잡지 못하면 어른이 적당한 시점에 "점프!"라고 외쳐서 신호를 주세요.

효과와 목적

- 사물을 보고 인지하는 능력을 기른다.
- 타이밍에 맞추어 점프하면서 균형 감각을 기른다.
- 전정 감각을 자극하는 흔들림과 회전을 즐긴다.

주의 사항

- 아이가 혼자서 후프를 돌리지 못하면 어른이 돌려 준다.
- 훌라후프에 걸리지 않을 타이밍을 어른이 가르쳐 준다.
- 훌라후프를 굴리고 싶다면 넓은 장소에서 한다.

놀이 전에 알아두세요!

운동 기획이란 앞으로 할 '신체활동(운동)'을 '기획'하는 능력입니다. 우리는 운동 기획 능력을 이용해 지금까지 쌓아 온 경험과 자신의 운동 능력에 맞추어서 어떤 순서로, 어떻게 움직일지를 정합니다. 놀이를 할 때는 순간적으로 무의식중에 움직일 때가 많은데, 운동 기획 능력이 부족하면 특히 처음 해 보는 동작일 경우 아이가 몸을 제대로 움직이지 못하거나 무서워하기도 합니다. 그럴 때는 어른이 먼저 시범을 보이거나 동작 순서를 그림으로 그려서 보여 주세요. 훌라후프 안으로 뛰어드는 타이밍은 잡기가 쉽지 않습니다. 어른이 옆에서 말로 알려 주거나 등을 가볍게 건드려서 아이의 운동 기획 능력을 뒷받침해 주세요.

응용 놀이

훌라후프 속으로 퐁당!

▶ 훌라후프 속으로 퐁당!

색이 다른 후프 여러 개를 바닥에 놓아 주세요. 어른이 "빨강", "파랑"이라는 식으로 후프의 색을 외칩니다. 아이는 두 발 또는 한 발로 지시에 따라 훌라후프 속으로 점프합니다.

▶ 훌라후프 굴리기

훌라후프를 똑바로 굴려 주세요. 아이는 후프를 따라가고 후프가 멈추어서 바닥에 쓰러지는 순간 폴짝 뛰어서 안으로 들어갑니다.

참고하세요!

손목을 비틀어서 후프 돌리기를 비롯해 돌아가는 후프 지켜보기, 타이밍 계산하기, 점프해서 특정 위치로 들어가기까지 다양한 요소가 포함된 놀이입니다. 아이가 어려워하면 응용 놀이에서 소개한 '훌라후프 속으로 퐁당!' 놀이부터 시작해 보세요.

이런 아이에게 추천해요!

산만해요.

균형 센서 정서 안정 청각 센서 협응 능력

놀이 15 손잡고 돌기

이렇게 놀아요

어른과 아이, 또는 아이끼리 2인 1조가 되어 양손을 잡고 마주 서 주세요. 호흡을 맞추어서 손을 좌우로 흔들며 “하나, 둘, 셋”처럼 박자를 셉니다.

‘셋’에 맞추어서 손을 들어 머리 위로 넘기고 어깨를 돌려서 등이 마주 보도록 몸을 돌립니다. 이때 어깨 관절과 손목을 부드럽게 움직여야 합니다.

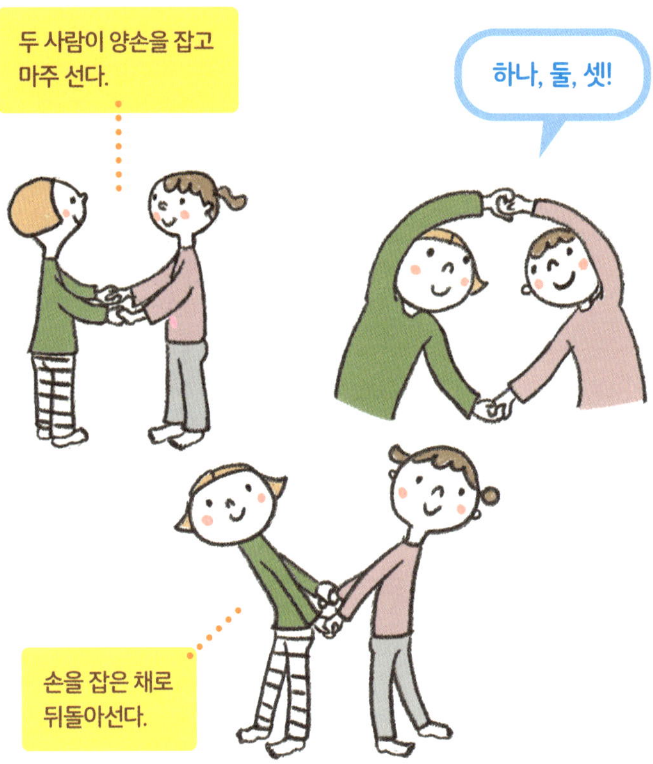

효과와 목적

- 자세를 유지하고 부자연스러운 신체 움직임을 개선한다.
- 몸의 중심축을 느끼면서 균형 감각을 기른다.
- 상대를 배려하며 노는 즐거움을 경험한다.

주의 사항

- 아이가 어느 쪽으로 돌아야 할지 몰라 망설이면 어른이 먼저 팔을 움직여 유도한다.
- 아이와 어른이 함께할 때는 어른이 무릎으로 서서 키를 맞춘다.

놀이 전에 알아두세요!

아이는 박자에 맞추어 손을 움직이다가 '셋'이라는 타이밍에 몸을 휙 돌리는 동작을 통해 회전 자극을 느끼게 됩니다.

이 놀이는 어른과 아이, 또는 아이들끼리 언제, 어디서나 즐길 수 있습니다. 손을 잡고 하는 놀이라 어른이 동작을 이끌어 줄 수도 있습니다. 아이가 어려워하면 한 손을 놓은 상태로 뒤돌아 주세요. 관절을 사용해 회전하는 감각을 즐기기만 해도 충분합니다. 놀이를 통해 아이는 상반신과 하반신 관절을 부드럽게 움직이는 경험을 하게 됩니다. 등을 마주하고 서 있다가 다시 원래 자세로 돌아오면 아이와 눈을 맞추고 웃으며 칭찬해 주세요. 아이가 성취감을 느낄 수 있습니다.

응용 놀이

한 바퀴 돌기

▶ 한 바퀴 돌기

하나, 둘, 셋을 세며 돌 때 '셋'을 길게 끌어 주세요. 그사이에 등을 마주한 상태에서 다시 정면을 마주하는 상태가 될 때까지 한 바퀴를 돕니다.

▶ 빙글빙글 돌기

'셋'을 더욱 길게 끌면서 두 바퀴, 세 바퀴 빙글빙글 돌아 보세요. 시작하기 전에 아이와 몇 바퀴를 돌지 정해 두면 좋습니다.

참고하세요!

아이들은 좋아하는 선생님과 손을 잡고 빙글빙글 돌기를 좋아합니다. 셋을 길게 늘이는 행동 자체도 상당히 재미있을 테니 큰 소리로 외치면서 돌아 보세요. 숨이 차서 못 할 때까지 계속 도는 규칙을 정해 두면 더욱 흥이 오를 겁니다. 다만 어지러울 수 있으니 되도록 넓은 공간에서 놀아 주세요.

이런 아이에게 추천해요!

균형을 잡지 못해요.

신체 이미지

균형 센서

청각 센서

놀이 16 몸 기울이기

이렇게 놀아요

'몸 기울이기'는 어른과 아이가 함께 하는 놀이입니다. 아이는 어른 앞에 차렷 자세로 서고, 어른은 무릎으로 선 자세로 아이 상반신 정도의 폭을 두고 떨어져서 대기합니다. 아이가 어른을 향해 똑바로 몸을 기울입니다. 어른은 손으로 기울어지는 아이의 어깨 주변을 받쳐 잡아 주세요. 아이는 몸을 기울이면서 흔들리는 감각을 즐길 수 있고, 어른이 붙잡아 주었을 때는 선명한 고유 감각도 느낄 수 있습니다.

효과와 목적

- 흔들리는 감각을 즐긴다.
- 자세를 유지하고 근육과 관절을 조절하는 힘을 기른다.
- 어른과 신뢰 관계를 형성한다.

주의 사항

- 다리를 고정한 채로 몸을 기울이지 못하면 발 모형을 준비해서 서 있을 위치를 표시해 준다.
- 아이가 무서워하면 안심하고 몸을 기울일 수 있도록 살짝 기울어질 때 바로 잡아 준다.

놀이 전에 알아두세요!

아이가 발을 바닥에 딱 붙인 상태로 자세를 유지하면서 어른을 향해 몸을 기울이면 어른이 받아 주는 놀이입니다. 쓰러질 때 긴장감과 함께 흔들리는 감각도 확실하게 느낄 수 있습니다. 여기에 더해 어른이 받아 주었을 때는 고유 감각도 확실히 느끼게 됩니다. 어른이 붙잡았을 때 몸에서 힘이 빠지고 휘어지면서 자세가 흐트러지지 않도록 유지해야 하는 것이 이 놀이의 포인트입니다.

아이가 해 보고는 싶지만 무서워서 불안해하면 처음부터 손으로 어깨를 받치고 기울이게 해 보세요. 아이가 안심하고 흔들리는 감각을 즐길 수 있을 겁니다.

응용 놀이

뒤로 몸 기울이기

▶ 뒤로 몸 기울이기

아이는 어른 앞에 뒤돌아섭니다. 시작 구호에 맞추어 아이가 몸을 뒤로 기울이면 어른은 아이의 몸을 잡아 줍니다. 뒤로 몸을 기울일 때는 반드시 뒤에 있는 어른이 준비되었는지 확인한 후에 시작하도록 알려 주세요.

▶ 왕복 몸 기울이기

아이를 사이에 두고 어른 두 사람이 앞뒤에 섭니다. 아이가 앞으로 몸을 기울이면 잡아서 원래 자세로 밀어 주고 그다음에는 뒤로 몸을 기울이게 합니다. 앞뒤로 번갈아 몸을 기울이면서 흔들리는 감각을 즐겨 보세요.

참고하세요!

이 놀이는 전정 감각과 고유 감각을 확실하게 느끼게 해 줍니다. 특히 감각 욕구가 강해서 안절부절못하고 산만한 아이가 좋아하는 놀이입니다. 허리를 굽히면서 자세가 흐트러져도 상관없습니다. 우선은 흔들림을 충분히 느끼는 일부터 시작해 주세요.

이런 아이에게 추천해요!

자세를 유지하지 못해요.

균형 센서

협응 능력

놀이 17 3초 한 발 서기

이렇게 놀아요

바닥에 '한 발, 두 발, 한 발, 두 발, 한 발, 한 발, 두 발'로 뛸 수 있게 훌라후프를 배치합니다. 한 발로 뛰었을 때 그대로 서서 자세를 유지하면 어른이 3초를 세어 줍니다. "한 발, 1, 2, 3. 한 발, 1, 2, 3"과 같은 식으로 한 발로 섰을 때 3초를 세고, 아이는 그동안 균형을 유지합니다. 숫자를 세는 시간을 길고 짧게 바꾸면서 놀아 보세요.

효과와 목적

- 한 발로 균형을 잡는 경험을 한다.
- 점프한 뒤에 몸이 흔들리지 않게 안정시키면서 균형 감각을 기른다.
- 동작을 바꾸는 능력을 기른다.

주의 사항

- 숫자를 세는 시간은 아이가 쉽게 성공할 수 있는 수준으로 조정한다.
- 한 발로 서 있다가 발을 짚더라도 균형을 잡으려고 노력한 경험을 중요하게 생각한다.

놀이 전에 알아두세요!

숫자를 세는 시간을 2초에서 3초, 5초로 점점 늘려 가면 아이에게 노력해서 성공하는 경험은 물론 성취감도 느끼게 할 수 있습니다. 하지만 휘청거리거나 그러다 발을 내려 땅을 짚어도 괜찮습니다. 균형을 잡으려고 노력했던 경험만으로도 충분합니다. 아이가 놀이의 흐름을 이해하지 못하면 어른이 먼저 시범을 보여 주세요. 홍학이 한 다리로 서 있는 사진이나 그림을 보여 주면서 상상하게 하는 것도 좋은 방법입니다.

응용 놀이

3초 차렷

▶ 3초 차렷

한 발로 서는 대신에 두 발을 모으고 차렷 자세로 섭니다. 숫자를 세는 동안 차렷 자세를 똑바로 유지해 주세요.

▶ 셀프 3초 한 발 서기

"한 발, 1, 2, 3, 두 발, 한 발, 1, 2, 3, 두 발"과 같이 아이가 뛰면서 직접 숫자를 세게 합니다.

▶ 점프해서 한 발 서기

한 발로 서는 자리에 낮은 판이나 매트를 두고 그 위로 점프해서 자세를 잡도록 해 보세요. 이때 자세를 유지하는 시간은 아이와 함께 의논해서 정합니다.

참고하세요!

이 놀이의 목적은 휘청거리고 흔들리는 감각을 즐기는 데 있으니 발을 내려 땅을 딛어도 상관없습니다. 그래도 흔들림 없이 멈추어 서서 한 발로 균형을 잡으면 정말 대견해 보이지 않을까요? 아이의 신체 능력에 맞추어서 뛰는 방식을 정하고 균형을 잡는 경험을 할 수 있게 도와주세요.

이런 아이에게 추천해요!

균형을 잡지 못해요.

놀이 18 떴다 떴다 비행기

이렇게 놀아요

훌라후프를 아이들 인원수보다 많이 준비해서 바닥에 놓아 주세요. 아이들은 탬버린 박자에 맞추어서 훌라후프 주위를 걸어 다닙니다. 어른이 "출발!"이라고 신호하면 아이들은 비행기처럼 양팔을 벌리고 훌라후프 안으로 점프해서 한 발로 섭니다. 잠시 틈을 두었다가 다시 탬버린을 치면 아이들이 훌라후프 주위를 도는 과정을 반복하는 놀이입니다.

효과와 목적

- 소리를 듣고 순간적으로 반응한다.
- 한 발로 균형을 잡고 자세를 유지한다.
- 몸 전체를 아우르는 협응 운동 능력을 기른다.

주의 사항

- 출발 신호를 할 때는 아이들끼리 부딪히지 않도록 상황을 본다.
- 아이가 한 발로 서기 어려워한다면 두 발로 서도록 한다.

놀이 전에 **알아두세요!**

훌라후프는 한 후프에 두 명이 들어가도 여유가 있을 만큼 큰 크기로 준비해 주세요. 또한 놀이 중에 아이들이 서로 부딪히지 않도록 훌라후프 개수는 인원수보다 많이 준비해야 합니다. 아이들에게도 한 훌라후프에는 한 명만 들어간다는 규칙을 정확히 주지시켜 주세요.

출발 신호를 할 타이밍과 한 발로 버티는 시간은 아이 상황을 보고 적절히 조절합니다. 비행기가 이륙하는 모습을 상상하면서 실제 기분을 느낄 수 있도록 연출하면 더 신나게 놀 수 있을 겁니다.

응용 놀이

비행기 발자국

▶ 비행기 발자국

훌라후프 대신 바닥에 한쪽 발 모형을 놓아 주세요. 어른이 신호하면 아이는 그 자리에 있는 발자국 모양을 밟고 한 발로 섭니다.

▶ 높이 나는 비행기

균형대나 상자 쌓기 블록을 펼쳐 놓고, 어른의 신호에 맞추어 낮은 곳에서 높은 곳으로 뛰어오르도록 해 보세요. 낮은 균형대를 길게 세워 놓고 그 위에서 놀아도 재미있을 겁니다.

참고하세요!

한 발이 아니라 두 발로 뛰는 방식으로 하면 2세 아이도 할 수 있는 놀이입니다. 신호에 맞추어 일제히 폴짝 뛰어오르는 일 자체가 아이들을 신나게 합니다. 멋지게 "출발!"이라고 외쳐 보세요. 평소에도 적절한 순간에 "출발!"이라고 신호해서 아이가 한 발로 서도록 해 보면 어떨까요? 일상에서도 언제든지 놀이를 즐길 수 있습니다.

이런 아이에게 추천해요!

시지각력이 부족해요.

놀이 19 튀어 오르는 공 잡기

이렇게 놀아요

야구공 크기의 공을 들고 아이와 마주 서 주세요. 공을 바닥에 떨어뜨려서 다시 튀어 오르게 합니다. 아이가 공을 잘 보고 있다가 튀어 오르는 공을 잡는 놀이입니다. 공을 떨어뜨릴 때는 떨어뜨리는 척 눈속임도 섞어 보세요. 아이와 소통하면서 즐겁게 놀 수 있는 놀이입니다.

효과와 목적

- 공의 움직임을 따라 몸을 움직인다.
- 공이 튀어 오르는 높이와 방향을 고려해서 아이가 잡기 쉽도록 떨어뜨린다.
- 움직이는 물체를 눈으로 쫓는다.

주의 사항

- 공을 잡지 못하더라도 공에서 눈을 떼지 않은 노력을 칭찬해 준다.
- 아이에게 두 손으로 잡아도 된다고 말해 준다.

놀이 전에 **알아두세요!**

처음에는 아이에게 공을 주고 혼자서 가지고 놀거나 바닥에 던져 튀겨 보면서 아이가 공과 친숙해질 수 있도록 해 주세요. 이 놀이는 공이 어디로 가는지 눈을 떼지 않고 지켜봐야 합니다. 아이는 공이 가는 방향으로 자기 몸과 팔을 움직여서 공을 잡으며 놀게 됩니다.

아이가 공을 잡아야 할 타이밍에 어른이 "지금이야!"와 같은 식으로 알려 주면 아이가 언제 공을 잡아야 할지 판단할 때 도움이 됩니다. 아이가 공 잡기를 어려워하면 다음에 소개하는 응용 놀이법을 참고해서 조금 더 큰 공을 사용해 주세요. 더 쉽게 잡을 수 있을 겁니다.

응용 놀이

큰 공 잡기

▶ 큰 공 잡기

아이가 공을 쉽게 잡을 수 있도록 두 손으로 잡아야 하는 크기의 공을 사용해 보세요. 야구공 크기의 공은 잡기 어려울 수도 있습니다. 아이가 어려워하면 공의 크기를 바꾸어 보세요.

▶ 번갈아 공 잡기

어른과 아이가 1미터 정도 떨어져서 마주 섭니다. 서로 중간쯤으로 공을 던져 튀어 오르면 상대가 잡는 과정을 반복하는 놀이입니다.

참고하세요!

공을 잡지 못하더라도 아이가 공을 보고 눈으로 쫓는 행동을 칭찬해 주세요. 아이가 어려워한다면 공이 두 번 튀어 오른 다음 잡아도 된다는 규칙을 정해도 괜찮습니다. 사이 거리를 넓게 잡고 싶다면 공을 던질 대략적인 위치에 테이프를 붙여서 시각적으로 표시해 두는 것도 좋은 방법입니다.

이런 아이에게 추천해요!

자세를 유지하지 못해요.

신체 이미지 | 균형 센서 | 정서 안정

놀이 20 한 몸 걷기

이렇게 놀아요

선 자세로 아이 발을 어른 발등에 올리고 손을 잡습니다. 이 자세로 어른이 걷기 시작하면 아이도 어른의 동작에 맞추어 다리를 똑같이 움직입니다.

아이는 몸이 좌우로 흔들리는 와중에도 균형을 잡으며 어른의 발 위에서 떨어지지 않고 한 몸이 되어 걷습니다. 이때 손을 잡아도 균형 잡기를 어려워하는 아이는 어깨 부분을 받쳐 주세요.

효과와 목적

- 흔들림에 맞추어서 균형을 잡으며 걷는다.
- 어른의 다리 움직임에 맞추어 근육과 관절을 적절히 움직인다.
- 자세를 유지한다.

주의 사항

- 입으로 "하나, 둘"과 같이 구호를 외쳐서 아이에게 리듬을 알려 준다.
- 걷기 어려워하는 아이는 어깨를 든든히 받쳐 준다.

놀이 전에 알아두세요!

아이는 어른 발등에 올라간 약간 불안정한 상태로 어른의 움직임에 따라 걷게 됩니다. 적절히 균형을 잡아야 하고 다리 근육은 물론 발목과 무릎, 엉덩이 관절까지 유연하게 사용해야 하는 놀이입니다. 신체를 유연하게 쓰지 못하는 아이는 다리에 힘을 주고 버티려 할 겁니다. 그때는 "무릎을 구부려 볼까?", "힘을 빼 보자"라며 다정히 말을 건네주세요.

아이와 한 몸이 되어 걸으면서 몸을 어떻게 움직이면 되는지 가르쳐 줍시다. 어른과 한 몸이 된 상태로 움직이면 몸을 쓰는 요령을 더 빨리 배울 수 있습니다.

응용 놀이

한 몸 뒤로 걷기

▶ 한 몸 뒤로 걷기

앞으로만이 아니라 뒤로도 걸어 보세요. 다만 방향을 바꿀 때는 앞으로 갈지, 뒤로 갈지 알려 주고 바꾸어야 합니다. 또한 뒤로 걸을 때는 부딪히지 않게 조심하세요.

▶ 한 몸 옆으로 걷기

게가 걷듯이 옆으로도 걸어 보세요. 왼쪽인지 오른쪽인지 말로 하면서 걷고 그 자리에서 한 바퀴 돌아 보기도 합니다. 어느 쪽으로 걷고 싶은지 아이에게 정하도록 해 보세요.

참고하세요!

어른과 한 몸이 되어 걷는 놀이는 아이가 특히 좋아하는 놀이 중 하나입니다. 발달 교육 목적으로도 활용할 수 있지만 화장실로 데려갈 때도 활용해 보세요. 한 몸으로 같이 걸어가자고 하면 선뜻 마음을 바꾸어서 화장실에 가겠다는 아이도 있습니다. 이 놀이 자체가 마음을 바꾼 아이에게 주는 보상인 셈입니다.

column

고유 감각이 하는 일

고유 감각이 하는 일(역할)은 네 가지입니다. ① 신체 각 부분의 위치를 파악하는 일(위치 감각), ② 움직임의 속도 변화와 방향을 감지하는 일(운동 감각), ③ 밀거나 밀릴 때 힘을 파악하는 일(저항 감각), ④ 사물을 들었을 때 무게를 느끼는 일(무게 감각)입니다. 예를 들어, 문을 쾅 하고 세게 닫는 아이가 있다고 합시다. 이유는 다양합니다. 화가 나서 그랬을 수도 있고 쾅 하고 닫히는 소리가 재밌어서일 수도 있습니다. 그리고 어쩌면 문의 무게를 손으로 느끼는 감각이 둔해서일지도 모릅니다.

사물의 무게를 제대로 파악하지 못한다는 건 일반적인 어른의 기준에서 생각하기 어려울지도 모릅니다. 하지만 그 아이는 '살짝'이라거나 '가볍게'라고 말해도 뜻을 이해하지 못합니다. 그러니 '살짝'과 '가볍게'가 어떤 느낌인지 놀이를 통해 경험하게 해 주어야 합니다.

종이풍선을 불어서 공중으로 던질 때는 살짝 들어야 하고, 위로 쳐서 올릴 때도 힘의 강약을 잘 조절해야 합니다. 휴지 찢기도 좋은 연습이 됩니다. 휴지를 찢으려면 손끝을 가볍게 움직여야 합니다. 휴지를 살짝 동그랗게 뭉쳐서 솜사탕 모양으로 만들어 보세요. 휴지 솜사탕을 망가뜨리지 않고 친구에게 건네는 놀이를 통해서도 자연스럽게 '살짝'과 '가볍게'를 경험할 수 있습니다. 또한 전자계산기도 활용하기에 따라서 좋은 도구가 됩니다. 숫자를 좋아하는 아이라면 계산기를 좋아할 테니 손끝으로 '살짝', '가볍게' 눌러서 소리가 나지 않도록 숫자를 입력하게 해 보세요. 아마 어른도 쉽지 않을 겁니다. 그렇다면 이 또한 또 하나의 놀이가 될 수 있지 않을까요?

꼭 기억해 주세요!

☐ 고유 감각은 근육과 관절이 느끼는 감각이다.

☐ 고유 감각에는 위치 감각, 운동 감각, 저항 감각, 무게 감각이 있다.

☐ 힘을 조절하는 일은 무게 감각이 담당한다.

☐ '살짝', '가볍게'라는 감각을 직접 경험하지 않으면 이해하지 못하는 아이도 있다.

제 4 장

놀이 편

촉감 놀이

4장에서는 주로 촉각 이상에 효과적인 놀이를 소개합니다.

이런 아이에게 추천해요!

촉각이 예민하고 손끝 동작이 서툴러요.

터치 센서

정서 안정

놀이 21 무엇이 들어 있을까?

이렇게 놀아요

복주머니 안에 평소 가지고 놀던 장난감이나 생활용품을 넣고 손으로 만져서 맞히는 놀이입니다. 아이가 싫어하는 소재는 피하고 처음에는 평소에 익숙하게 만지던 물건이나 촉감이 좋은 물건을 넣어 주세요. 주머니에 넣기 전에 두 가지 물건을 보여 준 다음 보이지 않게 하나만 주머니에 넣습니다. 아이가 방금 본 물건의 형태와 감촉을 상상하면서 만지고 맞히도록 해 주세요.

효과와 목적

- 능동적으로 물건을 만지면서 식별 능력을 기른다.
- 힘을 조절해서 손가락을 세밀하게 움직이는 요령을 터득한다.
- 사물 형태에 맞추어 손 모양을 바꾸는 법을 배운다.

주의 사항

- 모양이 단순하고 촉감이 좋은 소재부터 시작한다.
- 아이가 답을 맞히지 못해도 재밌게 놀 수 있게 배려한다.
- 아이에게 안을 보지 않고 맞혀야 한다는 규칙을 주지시킨다.

놀이 전에 알아두세요!

상자를 사용하면 공간이 너무 넓어서 감각이 예민해질 수 있지만 주머니를 사용하면 안심하고 손을 넣을 수 있습니다. 심하게 불안해하거나 답을 틀리는 상황을 싫어하는 아이는 주머니 위로 만지도록 하고, '항상 가지고 놀던 장난감'이라는 식으로 힌트를 주어서 안심하고 즐길 수 있도록 도와주세요.

주머니 안에 넣은 물건과 같은 물건이나 사진을 준비해서 선택지를 만들어 주면 틀리기를 싫어하는 아이도 편하게 즐길 수 있을 겁니다. 답을 맞히지 못하더라도 손가락으로 물건을 더듬으며 재밌게 놀 수 있습니다.

응용 놀이

몇 개일까요?

▶ 몇 개일까요?

수에 관한 개념을 이해하는 아이라면 주머니에 블록이나 유리구슬을 여러 개 넣어 보세요. 손으로 만져서 몇 개인지 세어 보게 합니다. 주머니 안에 양손을 다 넣고 손에서 손으로 옮기면서 세어도 괜찮습니다.

▶ 찾아서 꺼내기

주머니 안에 소재가 다른 물건을 여러 개 넣고 지정한 물건을 찾아서 꺼내는 놀이입니다. 모양이나 소재가 다른 물건들부터 시작해서 조금씩 난도를 올려 보세요.

참고하세요!

주머니 안에 아이가 좋아하는 캐릭터나 간식거리를 넣어 두면 자연스레 아이의 의욕도 올라갑니다. 아이가 못 참고 주머니 안을 들여다보려고 할 때는 안대를 활용해 보세요. 열을 세는 동안만 만질 수 있다는 규칙처럼 다양한 규칙을 만들면 더 재미있을 겁니다.

이런 아이에게 추천해요!

촉각이 예민해요.

시각 센서 터치 센서 정서 안정

놀이 22 터치 놀이

이렇게 놀아요

어른이 등이나 허벅지, 어깨, 팔꿈치, 배꼽과 같이 여기저기를 가볍게 치거나 스티커를 붙이며 "터치!"라고 말합니다. 스티커를 붙이고 떼어 내며 노는 놀이입니다. 처음에는 아이가 쉽게 볼 수 있는 곳을 터치하다가 점차 보이지 않는 부위를 건드리거나 스티커를 붙여 보세요. 눈에 보이는 곳에 붙인 스티커는 아이가 직접 떼어 내도록 합니다.

효과와 목적

- 몸의 각 부위를 인지한다.
- 눈과 손을 함께 움직이는 협응 운동 능력을 기른다.
- 자기 몸에 관심을 가진다.

주의 사항

- 아이가 터치를 싫어하면 스티커 떼기만 놀이로 즐긴다.
- 아이가 좋아하는 캐릭터 스티커로 관심을 끈다.

놀이 전에 알아두세요!

아이가 심하게 불안해하면 만져도 괜찮은 부위를 먼저 물어보세요. 보이지 않는 부분을 터치하거나 스티커를 붙일 때는 뒷모습 사진이나 그림을 준비해서 어느 부분인지 가르쳐 줍니다. 사진을 보고 자기 몸의 부위를 떠올린 아이가 어른이 터치한 부위나 스티커를 붙인 자리를 확인하고 신체 각 부위에 관심을 가질 수 있도록 도와주세요.

응용 놀이

스티커 찾기

▶ 스티커 찾기

눈을 감거나 안대를 한 아이의 몸 여기저기, 보이는 곳이나 안 보이는 곳까지 스티커를 붙이고 스스로 찾게 해 보세요.

▶ 어디를 만졌을까?

손바닥이나 손가락으로 아이 몸을 만지면서 아이에게 "어디를 만졌을까?"라고 퀴즈를 냅니다. 아이가 말로 대답하기 어려워하면 사진이나 그림을 두고 손가락으로 가리켜서 맞히도록 합니다.

참고하세요!

아이를 만질 때는 손바닥처럼 넓은 면으로 만지고, 만지는 모습을 확실하게 보여 주어야 아이도 안심할 수 있습니다. 접촉을 싫어하는 아이도 어른이 시범을 보여 주면 스스로 경험한 일처럼 느끼기도 합니다. 아이가 안심하고 마음을 여는 일이 무엇보다 중요한 만큼 자기가 스스로 하고 싶어 할 때까지 기다려 주세요.

이런 아이에게 추천해요!

촉각이 예민해요.

터치 센서

정서 안정

놀이 23 발로 맞추기

이렇게 놀아요

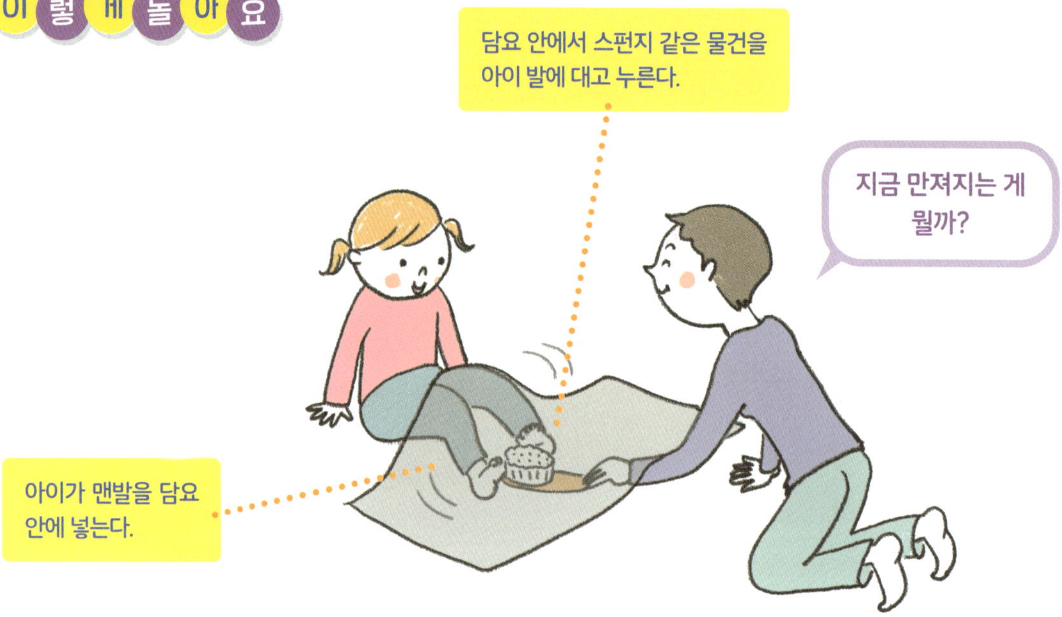

맨발인 아이 다리에 담요를 덮어서 보이지 않게 가려 주세요. 스펀지나 수세미, 솔, 어른의 손가락처럼 다양한 물건을 아이 발바닥에 대고 지금 만져지는 물건이 무엇인지 맞히게 합니다. 답은 말해도 좋고 실물을 가리키는 방법도 좋습니다. 아이가 대답하기 편한 방법을 골라 주세요. 이때 발에 대고 누를 물건 후보는 아이에게 미리 알려 주고 싫어하는 물건은 제외해야 합니다.

효과와 목적

- 발바닥으로 기분 좋은 감촉을 느낀다.
- 집중력을 높인다.
- 물건의 감촉을 구별하는 능력을 기른다.

주의 사항

- 놀이를 시작하기 전에 아이에게 감촉이 마음에 드는 물건을 직접 고르도록 한다.
- 접촉하기 전에 꼭 미리 알려 준다.

놀이 전에 알아두세요!

발에 댈 물건은 아이가 편하게 받아들일 수 있는 소재로 된 물건만 사용해 주세요. 감촉이 싫지 않은지 아이에게 미리 확인하고, 기분이 좋은지 물어보면서 접촉하면 아이도 안심할 수 있습니다.

아이가 답을 맞히면 담요를 걷고 여기저기 다른 부위에도 접촉해서 아이가 감촉을 충분히 느낄 수 있게 해 주세요.

응용 놀이

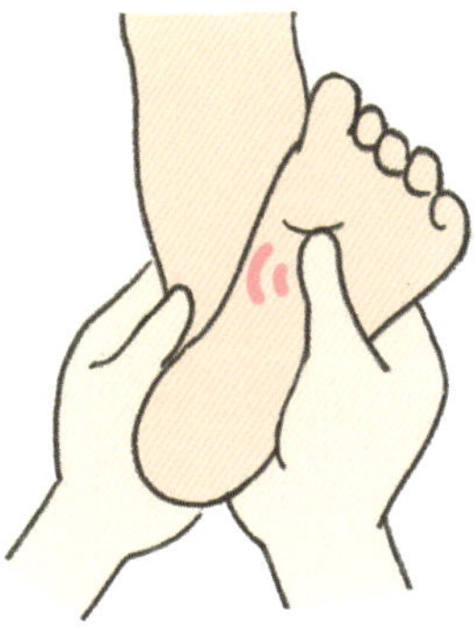

마사지 주문

▶ 어느 손가락일까?

담요로 가린 아이 발을 손가락 하나로 만지고 어느 손가락인지 물어보세요. 이때 살짝 만지지 말고 확실하게 꾹 눌러서 만져야 아이가 알기 쉽습니다.

▶ 마사지 주문

누르기, 두드리기, 문지르기, 잡기, 늘리기와 같은 마사지 동작 중에서 어느 동작을 원하는지 아이에게 주문받아 주세요. 아이가 주문하면 어른은 주문대로 부드럽게 마사지합니다. 마사지를 받으면 각성 수준이 내려가서 기분이 차분해지는 효과가 있습니다.

참고하세요!

발바닥으로 감촉을 느끼는 행동은 아이를 두근두근 긴장하게 합니다. 아이가 불안해하지 않고 즐길 수 있도록 배려해 주세요. 아이들은 대부분 발 마사지를 좋아합니다. 일정한 리듬으로 좋아하는 감각 자극을 느끼면 마음이 차분해지는 효과가 있으니 일상생활 속에서도 활용해 보세요.

이런 아이에게 추천해요!

균형을 잡지 못해요.

균형 센서

터치 센서

정서 안정

놀이 24 인간 자석 놀이

이렇게 놀아요

아이들끼리 2인 1조로 짝을 짓습니다. 신문지 한 장을 넓게 펼치고 그 위에 두 사람이 올라섭니다. 그다음 신문지를 반으로 접고 그 위에 다시 둘이 올라섭니다. 면적이 좁아진 만큼 서로 꼭 달라붙게 됩니다. 거기서 다시 반을 접고 똑같이 둘이 올라선 다음 10초를 세어 주세요.

신문지가 아니라 다른 것을 사용해도 괜찮습니다. 아이 체격에 맞추어 크기와 소재를 고민해 보세요.

아이가 신문지를 펼친다.

신문지 위에 두 사람이 올라가서 딱 붙어 선다.

효과와 목적

- 친구와 꼭 붙어 있는 상황을 즐긴다.
- 좁은 곳에 서서 몸의 균형을 유지한다.
- 자세를 유지한다.

주의 사항

- 올라서는 물건의 크기를 적당히 조절한다.
- 넘어지지 않도록 지켜본다.

놀이 전에 알아두세요!

아이들끼리 짝을 맺을 때는 어른이 정해 주세요. 이때 아이가 내키지 않아 하면 아예 참가하지 않을지, 옆에서 지켜만 볼지를 선택하게 합니다. 이 놀이는 서로 밀착한 상태로 자세를 유지하는 과정을 즐기는 놀이입니다. 놀이 전에 서로 밀지 않는다는 규칙을 미리 주지시켜 주세요.

어른과 함께라면 하겠다는 아이가 있을 수도 있으니 상황에 따라 유연하게 대처하면 됩니다. 다만 좁은 곳에 서 있어야 하는 만큼 균형을 잃고 넘어질 우려가 있습니다. 옆에서 주의 깊게 지켜봐 주세요.

응용 놀이

껌딱지 놀이

▶ 껌딱지 놀이

서 있는 어른에게 아이가 껌딱지처럼 달라붙습니다. 어른에게 조금이라도 닿으면 통과라고 정하고 몇 명까지 붙을 수 있는지 도전해 보세요. 이때는 신문지가 필요 없습니다.

▶ 블록 매트 위에서 버티기

낮은 블록 매트 위로 한 명씩 올라가게 합니다. 몇 명까지 올라갈 수 있는지 도전해 보세요.

참고하세요!

등을 맞대고 서로 미는 놀이처럼 아이들끼리 서로 몸을 붙이고 하는 놀이는 그 자체로 신나고 재밌습니다. 다만 접촉이 많아질수록 문제가 발생할 위험도 커진다는 사실을 잊지 마세요. 규칙을 정확히 알려 주고 인원을 제한해서 문제가 일어나지 않도록 주의합시다.

이런 아이에게 추천해요!

손끝 동작이 서툴러요.

터치 센서 정서 안정 청각 센서

놀이 25 손가락 체조

이렇게 놀아요

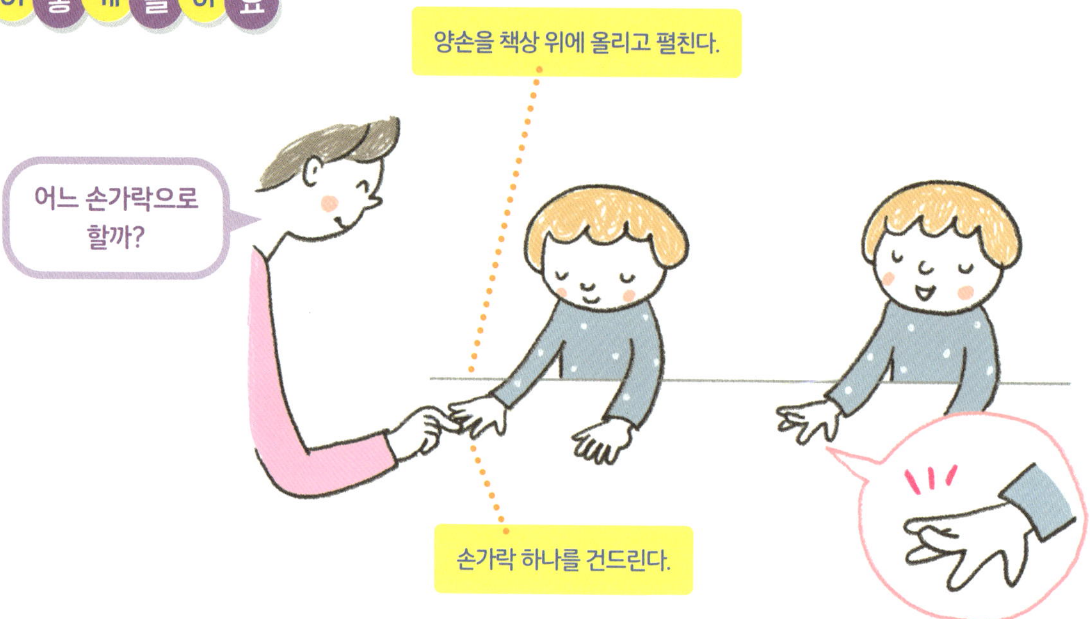

아이에게 양손을 책상 위에 올리고 펼치게 합니다. 어른이 손가락 중 하나를 골라 만지면 아이는 만져진 손가락을 움직입니다. 위로 들어 올려도 좋고 구부려도 좋습니다. 한 번에 만지는 손가락을 한 개에서 두 개, 세 개로 점차 늘려 가고, 만지는 방식도 살짝 터치하는 식으로 바꾸어 보세요. 4세 이상이라면 눈을 감고 촉각을 느껴서 맞혀 보도록 합니다.

효과와 목적

- 만져지는 촉각을 느낀다.
- 접촉으로 감각을 느끼고 **손가락을 적절하게** 움직인다.
- 어른과 소통하는 시간을 즐긴다.

주의 사항

- 눈을 감고 할 때는 약간 힘주어 만진다.
- 아이가 눈을 감고 싶어 하지 않으면 **억지로 강요하지 않는다.**
- 만지기 전에 미리 알려 준다.

놀이 전에 **알아두세요!**

손바닥을 펼치라고 말했을 때 아이가 손을 잘 펼치지 못하면 손가락 사이 있는 물갈퀴 부분을 마사지해 주세요. 기분 좋은 감각 자극이 자연스레 손가락을 펼치게 도와줄 겁니다.

손가락 촉각을 사용하는 것이 이 놀이의 포인트입니다. 다만 아이가 촉각을 잘 느끼지 못한다면 손가락을 눌러 압박 자극을 주는 방법으로 고유 감각도 사용해 보세요. 놀이를 시작하기 전에 손가락 관절을 마사지해서 기분 좋은 자극을 주면 아이도 좋아할 겁니다. 이때 아이가 좋아하는 동요를 부르면 안정 효과를 한층 더 높일 수 있습니다.

응용 놀이

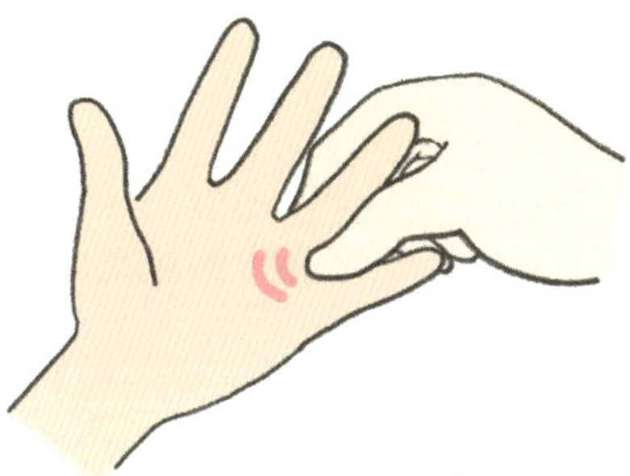
손가락 마사지

▶ 손가락 마사지

어른이 아이의 손바닥을 엄지손가락으로 누릅니다. 손가락 관절이나 손가락 사이 물갈퀴 부분도 마사지해 주세요.

▶ 몇 개로 만졌을까?

아이가 눈을 감으면 어른은 아이 손바닥을 손가락으로 건드립니다. 한 개 또는 두 개 손가락으로 건드리면 아이는 손에 닿은 손가락이 몇 개였는지 맞히는 놀이입니다. 게임 하는 느낌으로 놀아 보세요.

참고하세요!

손끝 동작이 서툰 아이에게는 손가락 긴장을 풀어 주는 일이 중요합니다. 손가락 체조도 재미있는 놀이지만 아이의 상태를 살피면서 손 마사지도 같이 해 주면 더 효과적입니다. 먼저 ① 손바닥을 압박하고 ② 손바닥과 손가락이 활짝 펼쳐지게 손끝을 잡아당기며 마사지한 다음, ③ 손목을 가볍게 잡고 앞뒤로 흔들거나 빙글빙글 돌려서 풀어 주세요.

column

자세와 기분의 상관관계

고유 감각과 전정 감각을 제대로 사용하지 못하면 자세를 유지하지 못해서 금세 흐트러지기 십상입니다. 하지만 감각 불균형이라는 점에만 주목하면 아이를 효과적으로 도울 수 없습니다. 자세는 아이의 기분과도 깊은 연관이 있다는 사실을 명심하세요.

아이의 일상을 가만히 지켜보면 감각 불균형이 있는 아이라도 바른 자세를 유지하고 활동할 때가 있습니다. 주로 좋아하는 일이나 의욕이 넘칠 때 그런 모습을 보였을 겁니다. 관심 있는 이야기를 들을 때는 자기도 모르게 몸을 앞으로 당기고 목을 쭉 빼듯이, 흥미가 당기고 의욕이 생기는 일 앞에서는 아이도 자기 몸의 중심과 자세를 정돈합니다. 반대로 관심이 없으면 자세가 흐트러지기 마련입니다.

이런 관점에서 보면 아이의 자세가 흐트러졌다는 것은 지금 하는 일이 아이가 좋아하는 일도, 의욕이 생기는 일도 아닌데 어른이 강요하는 상황일 수 있다는 뜻입니다. 어떻게든 아이의 자세를 바르게 고쳐 주고 싶다는 생각보다 어떻게 하면 아이가 좋아하고 의욕이 생길 만한 활동을 늘릴 수 있을까를 고민해 주세요. 바른 자세를 유지하는 경험은 어떤 활동을 하느냐에 달려 있습니다. 아이의 자세는 아이를 얼마나 이해했는지를 보여 주는 기준이 되기도 합니다. 따라서 아이의 자세가 흐트러지면 지루해서는 아닌지, 집중력이 끊어진 건 아닌지 생각해 보고 다른 활동을 제안하는 식으로 아이를 도와줄 방법을 찾아 주세요.

할 수 없는 일만 바라보지 말고 할 수 있는 일을 찾아 늘려 주는 편이 아이가 자세를 바르게 유지할 수 있도록 돕는 효율적인 방법입니다. 아이가 바른 자세로 열중할 수 있는 활동을 찾아 주세요.

아이가 바른 자세로 열중하는 활동을 확인해 봅시다!

- ☐ 퍼즐 같은 맞추기 놀이
- ☐ 색이나 모양을 바꾸며 노는 놀이
- ☐ 만들기같이 상상하면서 손끝을 사용하는 놀이
- ☐ 색칠 놀이나 미로 찾기처럼 그리거나 쓰면서 노는 놀이
- ☐ 블록이나 종이접기처럼 조립하는 놀이
- ☐ 기타 (   )

제 5 장

놀이 편

몸 움직이기

5장에서는 주로 협응 운동 능력 이상에 효과적인 놀이를 소개합니다.

이런 아이에게 추천해요!

좀처럼 걸으려 하지 않아요.

신체 이미지 균형 센서 협응 능력

놀이 26 튜브 산책

이렇게 놀아요

앉아 있는 아이 몸에 튜브를 끼워 주고 손으로 잡게 합니다. 어른이 뒤에서 받쳐 주면서 함께 자리에서 일어선 다음 튜브를 들고 천천히 걸어 보세요. 중심을 좌우로 기울이면 전정 감각을 자극해서 아이가 발을 내딛게 할 수 있습니다.

효과와 목적

- 튜브를 두 손으로 붙잡으면 촉각과 고유 감각이 전해져서 **아이가 안심할 수 있다.**
- 전정 감각 변화에 맞추어 발을 **앞으로 내디딘다.**

주의 사항

- 튜브 크기는 **아이에게 맞추어** 고른다.
- 아이가 무서워하면 **강요하지 않는다.**

놀이 전에 알아두세요!

아이가 다리를 움직이는 모습을 유심히 관찰하고 발을 내딛는 속도에 맞추어 중심을 좌우로 바꾸며 걸어 보세요. 이때 아이가 걷기를 재미있어하는지 표정을 살피면서 호흡을 맞추어야 합니다.

걷는 동안 어른이 미소 지으면서 다정하게 말을 건네준다면, 아이도 마음 놓고 놀이를 즐길 수 있을 것입니다.

응용 놀이

훌라후프 산책

▶ 훌라후프 산책

아이가 튜브를 붙잡지 않고 걷기 시작한다면 튜브 대신 훌라후프로 바꾸어서 받쳐 주는 포인트를 줄여 보세요. 훌라후프로 바꾸면 붙잡는 부분도 가늘어집니다. 어른은 튜브를 끼웠을 때와 마찬가지로 뒤에서 훌라후프를 잡고 받쳐 주세요.

▶ 손잡고 산책하기

어른이 앞에 서서 아이의 손을 잡고 받쳐 주며 걷습니다. 아이가 발을 내딛는 양상에 맞추어 중심을 바꾸면서 앞으로 가도록 이끌어 주세요.

참고하세요!

말랑말랑하고 몸에 꼭 달라붙는 튜브는 걷는 아이를 받쳐 주기 좋은 도구입니다. 우선은 어른이 뒤에서 받쳐 주는 상황에서 흔들림을 느끼며 몸의 움직임을 경험하게 해 주세요. 절대 걷게 해야 한다는 생각에 집착하면 안 됩니다. 아이가 자연스럽게 걸음마를 뗄 수 있도록 존중하며 재미나게 놀아 주세요.

이런 아이에게 추천해요!

자세를 유지하지 못해요.

신체 이미지

시각 센서

협응 능력

놀이 27 의자 터널 통과하기·의자 건너기

이렇게 놀아요

하나, 둘!
하나, 둘!

몸을 작게 웅크려 봐.

익숙해지면 의자 수를 늘려 일렬로 세우고 밑을 통과한다.

처음에는 의자 한 개를 놓고 아래를 통과한다.

의자를 일렬로 세워 놓고 의자 아래를 기어서 통과해 보세요. 통과하는 의자의 개수를 다양하게 바꾸면서 놀 수도 있고, 의자 위를 건너는 놀이로 응용할 수도 있습니다. 또한 의자 위를 똑바로 걸어서 건널 수도 있고 등받이를 넘어가며 건널 수도 있습니다. 여러 가지 방법으로 응용해서 놀아 보세요.

효과와 목적

- 몸의 중심을 유지하면서 중심 근육을 좌우로 균형 있게 흔들어 **몸의 좌우가 조화롭게** 움직이도록 한다.
- 의자 아래를 통과하면서 **자기 몸의 크기를 인지**한다.

주의 사항

- 넘어져서 다치지 않도록 주변 안전에 주의한다.
- 의자 위를 걷거나 등받이를 넘어갈 때는 **반드시 어른이 손을 잡아 주거나** 달리 도와줄 방법을 마련한다.

놀이 전에 알아두세요!

아이의 발달 상태에 맞추어서 의자 크기를 바꾸어 보세요. 처음에는 의자가 없는 상태로 기어가는 연습부터 한 다음에 도전하는 것도 좋은 방법입니다. 아이가 앞으로 가지 못하면 발바닥을 받쳐 주면서 바닥을 차도록 도와주세요.

의자 위를 걸을 때도 자세와 균형을 유지할 수 있도록 어른이 옆에서 잡아 주세요.

응용 놀이

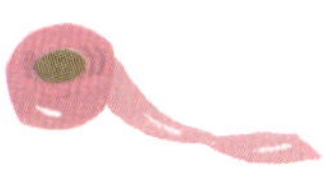

탐험대 출동!

▶ 탐험대 출동!

의자나 책상에 비닐 끈을 붙여서 장식하고 코팅된 카드나 캐릭터 그림을 붙여서 보물찾기 게임처럼 연출해 보세요. 아이가 엎드려 기어가면서 탐험하는 기분을 만끽할 수 있습니다.

▶ 아슬아슬 의자 건너기

의자 사이를 조금 벌려서 의자와 의자 사이를 건너 보세요. 떨어지지 않으려고 조심하면서 아슬아슬한 긴장감을 느낄 수 있습니다. 의자와 의자 사이 거리는 아이 다리 길이에 맞추어 조절해 주세요.

참고하세요!

엎드려서 기어가는 동작을 통해 아이는 몸의 중심을 잡고 몸통을 좌우로 균형 있게 흔들어서 조화롭게 움직이며 앞으로 가는 경험을 하게 됩니다. 이때 발가락으로 바닥을 힘주어 밀 수 있게 되도록 맨발로 하는 것이 좋습니다. 고유 감각을 확실하게 느낄 수 있을 겁니다.

이런 아이에게 추천해요!

산만하고 자세를 유지하지 못해요.

시각 센서

균형 센서

협응 능력

놀이 28 흑백 오셀로 게임

이렇게 놀아요

준비물
- 카드 15장(지름 30센티미터 정도로 자른 종이 상자 표면을 오셀로 돌처럼 검은색과 흰색으로 칠한다.)

시작하기 전에는 카드를 앞에 두고 각자 자기 진영에 앉아서 기다린다.

상대 색 카드를 뒤집는다. 놀이 중에 대전 상대와 부딪히지 않도록 주의한다.

제한 시간 안에 상대 카드(검은색)를 자기 카드(흰색)로 뒤집어 주세요. 절대 상대를 밀지 않는다는 규칙은 꼭 지켜야 합니다. 아이는 상대 카드를 보고 몸을 굽혀서 팔과 관절을 사용해 카드를 뒤집습니다. 계속해서 자리를 옮겨 가며 웅크리고 앉아서 자세를 제어하게 됩니다.

효과와 목적
- 서기, 앉기, 허리를 굽힌 채로 이동하기와 같이 **쉬지 않고 자세를 바꾸어 가면서** 몸의 균형을 유지한다.
- 주변을 돌아보고 이동할 곳을 생각하는 과정에서 **눈과 몸의 협응 운동 능력**이 발달한다.

주의 사항
- 아이가 허리를 숙이는 자세를 어려워하면 **무릎을 꿇고** 한다.
- 상대와 자꾸 부딪힌다면 **카드 사이 간격을 넓게** 벌린다.

놀이 전에 알아두세요!

간단하고 단순한 움직임을 통해서 여러 감각을 사용할 수 있는 놀이입니다. 승부를 가리는 규칙을 만들지 않으면 3세 아이들도 충분히 즐길 수 있습니다. 엉덩이를 바닥에 대지 않고 움직이는 동작은 균형 감각만이 아니라 근력도 필요합니다. 또한 카드를 뒤집을 때 손목을 비트는 동작은 도구를 사용하기 위한 훈련도 됩니다. 식사 도구를 다루는 움직임이 한결 자연스러워질 겁니다.

가끔 자기가 어떤 색 카드를 뒤집어야 이기는지 이해하지 못하는 아이도 있으니 필요하면 어른이 옆에서 색을 알려 주세요.

응용 놀이

혼자 하는 오셀로

▶ 혼자 하는 오셀로

흑백 카드를 준비해서 혼자 모든 카드를 뒤집어 보세요. 얼마나 걸리는지 시간을 기록하면 이 또한 재미있는 놀이가 됩니다.

▶ 오색 오셀로

검은색과 흰색 카드만이 아니라 빨간색이나 파란색 카드를 비롯해 다양한 색의 카드를 준비해 주세요. 어른이 "빨강"이라고 말하면 빨간색 카드를 뒤집고 "파랑"이라고 말하면 파란색 카드를 뒤집는 놀이입니다.

참고하세요!

이 놀이는 게임 성격이 강하고 고유 감각과 전정 감각, 시각을 비롯해 다양한 감각을 복합적으로 사용하게 합니다. 물론 혼자서도 놀 수 있습니다(응용 놀이 '혼자 하는 오셀로' 참고). 자기 기록을 줄여 가는 방식을 더 좋아하는 아이도 있습니다. 아이가 규칙을 잘 지키면 아낌없이 칭찬해 주세요.

이런 아이에게 추천해요!

신체 움직임이 부자연스러워요.

놀이 29 손뼉 치고 공 받기

이렇게 놀아요

던지기, 손뼉치기, 받기와 같은 일련의 동작을 즐기는 놀이입니다. 아이는 공을 손에 들고 위로 똑바로 던집니다. 공이 떨어지는 사이에 손뼉을 한 번 치고 공을 받습니다. 공은 아이가 들기 쉬운 크기와 무게로 준비해 주세요.

효과와 목적

- 동작에 맞추어 근육과 관절을 적절히 움직인다.
- 공을 눈으로 쫓으면서 공의 움직임에 몸을 맞춘다.
- 재빨리 손뼉을 치고 타이밍을 잡는다.

주의 사항

- 공은 위로 똑바로 던지도록 한다.
- 아이가 손뼉을 치기 어려워하면 어른이 대신 치고 아이는 공을 받는 일에 집중하게 한다.

놀이 전에 알아두세요!

이 놀이는 세 가지 동작을 적절한 순간에 수행할 수 있는지가 포인트입니다. 공을 던지는 힘과 각도, 높이, 박자까지 여러 가지 요소를 조절해야 하는 만큼 어려울 수도 있습니다. 아이가 어려워하면 단계별로 진행해 보세요. 처음에는 공을 던져서 받기만 하고 익숙해지면 손뼉을 치는 동작을 추가합니다.

아이가 공을 잡기 어려워하면 수건처럼 공보다 잡기 쉬운 물건을 사용해도 괜찮습니다. 옆에서 지켜보면서 각 동작 타이밍마다 소리 내어 알려 주고 응원해 주세요.

응용 놀이

손뼉 치고 공 잡기

▶ 손뼉 치고 공 잡기

공을 위로 던져 올리는 대신 바닥으로 던져서 튕겨 돌아오는 사이에 손뼉을 치고 잡아 주세요. 공과의 거리감을 파악하면서 공간 인지력을 기를 수 있습니다.

▶ 몇 번 치고 잡을까?

한 번 손뼉 치고 공을 잡는 데 성공했다면 공을 던지는 높이를 조정해서 공이 떨어질 때까지 치는 손뼉의 횟수를 늘려 보세요.

참고하세요!

이 놀이를 통해 신체 협응성과 함께 놀이를 기획하는 능력도 기를 수 있습니다. 예를 들어, 어른이 아이에게 스카프를 던지면 아이가 손뼉을 치고 잡는 방식으로 응용해도 재미있을 겁니다. 천천히 떨어지는 풍선을 사용해 보면 어떨까요? 어떤 도구를 사용할지 아이에게 직접 고르게 해 보세요.

이런 아이에게 추천해요!

신체 움직임이 부자연스러워요.

놀이 30 마리오네트

이렇게 놀아요

어른이 박자에 맞추어서 "위로, 앞으로, 옆으로, 아래로"라고 지시한다.

아이는 지시에 따라 팔을 움직인다.

어른과 아이가 차렷 자세로 마주 섭니다. 어른이 위로, 앞으로, 옆으로, 아래로 중 하나를 골라 지시를 내려 주세요. 아이는 지시에 따라 양팔을 위, 앞, 옆, 아래로 움직입니다. 어른은 리듬감 있게 지시를 반복해서 내리고, 아이는 꼭두각시 인형, 마리오네트처럼 리듬에 맞추어 네 방향으로 팔을 움직이는 놀이입니다.

효과와 목적

- 리듬에 맞추어 팔을 유연하게 움직인다.
- **팔 근육과 관절**을 조절하며 움직인다.
- **자세를 고정**한 채로 움직이는 요령을 배운다.

주의 사항

- 지시를 내리는 속도는 아이의 반응 속도에 맞추어 조절한다.
- 어른도 함께하면서 **시범을 보인다.**

놀이 전에 알아두세요!

단순한 동작이지만 몸을 움직이는 방향과 팔의 움직임, 리듬까지 고려해야 하는 다중 작업이 필요한 놀이입니다. 아이가 각 방향으로 팔을 제대로 뻗는지, 자세를 유지하면서 움직이는지 지켜보세요. 이때 손은 되도록 끝까지 똑바로 뻗어야 합니다.

박자는 8박자로 위로 두 박, 앞으로 두 박, 옆으로 두 박, 아래로 두 박으로 나누면 적당합니다. 다만 아이에게 지시를 내리는 속도는 아이 반응에 맞추어서 조절해 주세요. 지시를 내릴 때 손뼉을 쳐서 두 박자를 강조하는 것도 좋은 방법입니다.

응용 놀이

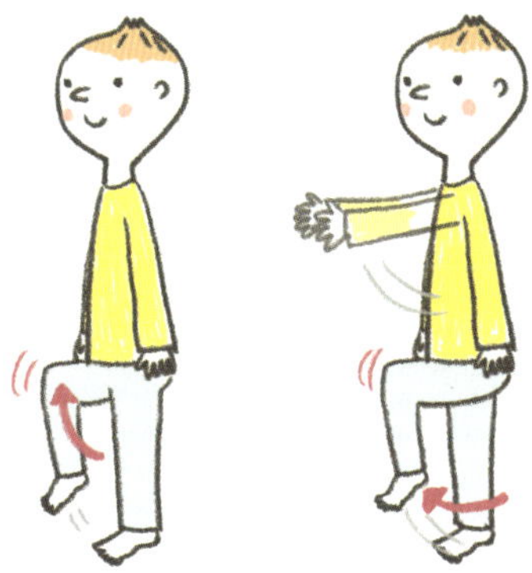

전신 마리오네트

▶ 전신 마리오네트

팔만 움직이는 마리오네트 놀이에 익숙해졌다면 팔동작에 맞추어 다리 동작도 추가해 보세요. 제자리걸음을 하면서 팔을 움직이면 온몸을 사용할 수 있습니다.

▶ 걷는 마리오네트

제자리걸음이 아니라 실제로 걸어가면서 동작을 바꿀 수도 있습니다. 걸어가면서 팔을 네 방향으로 움직여야 하는 만큼 처음에는 어려울 수 있으니 속도를 적당히 조절해 주세요.

제자리걸음이나 걷는 동작을 추가했을 때 아이가 너무 어려워한다면 팔동작은 두 방향만으로 제한합니다.

참고하세요!

제자리걸음이나 걷는 동작을 추가하면 놀이가 복잡해집니다. 이때는 우선 팔을 움직이는 방향을 네 방향이 아니라 위와 아래, 두 방향만으로 해 주세요. 두 방향 팔동작에 익숙해지면 제자리걸음을 추가하고, 이 동작도 익히고 나면 그때 팔동작을 네 방향으로 늘리는 식으로 한 단계씩 도전해 봅시다. 성공하면 성취감도 얻을 수 있을 겁니다.

이런 아이에게 추천해요!

멈추어 있거나 기다리지를 못해요.

신체 이미지

시각 센서

청각 센서

놀이 31 얼음땡

이렇게 놀아요

아이들과 노는 도중에 어른이 갑자기 얼어 버린 듯 동작을 멈추고 "얼음!"이라고 말하면 아이들도 그 순간 그대로 멈추는 놀이입니다. 멈춘다는 상태가 어떤 상태인지 아이들에게 보여 주고 "○○도 멈추어야지!"라며 자연스럽게 가르쳐 주세요.

효과와 목적

- 움직임을 멈추는 경험을 쌓는다.
- 놀이를 통해 자세와 균형을 유지하는 느낌을 체감한다.
- 근육과 관절을 고정하는 느낌을 체감한다.

주의 사항

- 아이들에게 지금부터 얼음땡 놀이를 한다고 미리 알려 준다.
- 멈추어 있어도 괜찮은 시간과 장소를 고려한다.
- 어른이 언제 움직임을 멈출지는 알려 주지 않는다.

놀이 전에 알아두세요!

갑자기 움직임을 멈추면 순간 어려운 자세가 나올 때도 있어서 근육과 관절에 힘을 주고 균형을 잡게 됩니다. 웃기는 자세나 복잡한 자세로 멈추어야 재미있다 보니 아이들은 각자 생각해서 다양한 자세를 보여 줄 겁니다. 멈추어 있는 동안 시간을 세거나 다시 움직일 때 "땡!"이라는 신호를 정해 두면 더 재밌게 놀 수 있습니다. 멈추어 있을 때 몸을 간지럽히거나 살짝 밀어 보는 건 어떨까요? 놀이에 재미를 더해 줄 겁니다.

응용 놀이

동물 얼음땡

▶ 동물 얼음땡

먼저 곰이나 오리처럼 여러 동물 흉내를 내며 움직입니다. 움직이는 중간에 '얼음!' 신호가 내려지면 멈추고, '땡!' 하는 신호와 함께 다시 움직이면서 놀아 보세요.

▶ 얼음땡 달리기

우선 아이를 조깅 정도의 속도로 달리게 합니다. 달리는 도중에 '얼음!' 신호가 내려지면 우뚝 멈추고 180도 몸을 돌려서 반대 방향으로 뜁니다. 이 과정을 반복하는 놀이입니다.

참고하세요!

움직이고 멈추는 간단한 동작을 일상생활 속에서 배울 수 있는 놀이입니다. 이 놀이의 포인트는 아이가 이런저런 동작을 하던 중에 제 의지로 멈출 수 있는지입니다. 평소 가만히 멈추어 있지 못하는 아이도 놀이라면 잠깐은 어렵지 않게 멈출 수 있을 겁니다.

이런 아이에게 추천해요!

신체 움직임이 부자연스러워요.

시각 센서

균형 센서

협응 능력

놀이 32 토끼와 거북이

이렇게 놀아요

어른과 아이가 짝이 되어 노는 놀이입니다. 어른이 바닥에 엎드린 자세로 누우면 아이는 폴짝 뛰어서 어른의 몸을 넘어갑니다. 뛸 때는 한 발 뛰기로 넘어가도 괜찮습니다. 그다음 어른이 팔다리로 몸을 받치고 엎드려서 터널을 만들면 아이는 그 밑을 기어서 통과합니다.

이 놀이를 반복하면 아이는 어른의 자세를 보고 뛰어넘어갈지, 밑으로 기어갈지를 순간적으로 판단해 움직이게 됩니다. 깡충깡충 뛰는 토끼와 터널을 기어가는 거북이를 떠올리며 놀아 보세요.

어른이 바닥에 엎드린 자세로 눕는다. 아이는 그 위를 뛰어넘어간다.

어른이 팔다리로 몸을 받치고 엎드린다. 아이는 그 밑으로 통과한다.

효과와 목적

- 임기응변으로 동작을 바꾸는 능력을 기른다.
- 자기 몸의 각 부위를 인식하고 움직인다.
- 몸 전체의 협응 운동 능력을 기른다.

주의 사항

- 아이의 반응을 보고 뛰어넘어 보라거나 기어서 지나가라고 지시를 내려 준다.
- 아이가 동작을 바꾸는 속도에 맞추어서 놀이 진행 속도를 조절한다.

놀이 전에 알아두세요!

어른 몸을 아이가 뛰어넘을 수 있는지는 미리 테스트해 보세요. 뛰어넘을 수 있다면 대략 3세부터는 할 수 있는 놀이지만, 간혹 아이가 몸을 밟을 수 있다는 점은 각오해야 합니다. 아이가 어른의 몸을 뛰어넘거나 아래로 통과하면서 몸동작의 변화를 즐길 수 있도록 도와주세요. 놀이 진행 속도는 아이 움직임에 맞추어서 빠르게 또는 느리게 조절합니다. 이 놀이는 어른도 함께 움직여야 하는 놀이라 어른에게도 운동이 됩니다. 아이와 함께 재밌게 몸을 움직이며 놀아 보세요.

응용 놀이

토끼와 거북이(다리 버전)

▶ 토끼와 거북이(다리 버전)

어른이 다리를 앞으로 쭉 뻗은 상태로 앉아 있으면 아이가 다리 위를 뛰어넘어갑니다. 마찬가지로 어른이 무릎을 굽혀서 터널을 만들면 아이는 다리 밑을 기어서 통과합니다.

▶ 내 맘대로 토끼와 거북이

아이가 토끼 또는 거북이를 어른에게 요청합니다. 아이의 요청에 맞추어 바닥에 엎드려 눕거나 네발로 엎드려 주세요. 아이는 자신이 요청한 대로 뛰어넘어가거나 아래로 통과합니다.

참고하세요!

아이들은 뛰거나 기어서 통과하는 동작을 좋아합니다. 이 놀이를 통해 아이는 유연한 움직임을 배워 갈 겁니다. 응용 놀이에서 설명한 대로 어른에게 원하는 자세를 요청하면 더 신나게 놀 수도 있습니다. 속도에 변화를 주어서 동작을 재빨리 바꾸어도 보고 느리게 움직이기도 해 보세요. 10번이라는 식으로 횟수를 정해 두고 시간을 기록해도 재미있을 겁니다.

이런 아이에게 추천해요!

손끝 동작이 서툴고 눈동자 움직임이 둔해요.

놀이 33 고무줄 크레인

이렇게 놀아요

종이컵 6개를 준비해서 3개씩 둘로 나누어 각각 숫자 1~3을 적은 다음 바닥에 놓아둡니다. 그다음 고무 밴드 네 군데에 고무줄을 연결해서 '고무줄 크레인'을 만들어 주세요.

두 사람이 고무줄을 두 개씩 잡고 서로 당겨서 고무 밴드 크기를 늘립니다. 늘어난 고무 밴드로 종이컵을 잡아 주세요. 두 사람이 고무줄 크레인을 이용해서 종이컵을 들어 올린 다음 같은 번호가 쓰인 종이컵 위에 겹쳐 올립니다.

준비물
- 종이컵 6개
- 고무 밴드
- 고무줄

고무 밴드 네 군데에 고무줄을 연결해서 크레인을 만든다.

고무줄을 당겨서 고무 밴드를 늘린 다음 종이컵을 잡는다.

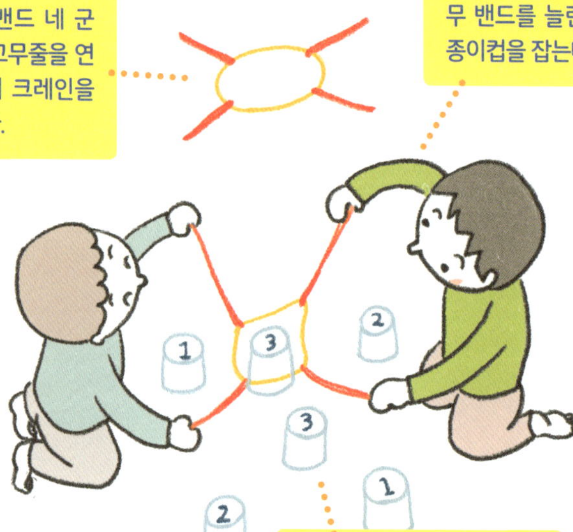

번호가 같은 종이컵에 잡은 종이컵을 겹쳐 올린다.

효과와 목적
- 힘의 강약을 조절하면서 두 사람이 타이밍을 맞춘다.
- 눈과 손의 협응 동작*이 자연스러워진다.
- 자세를 유지하며 종이컵을 옮기면서 안구 운동(시야 이동)을 유도한다.

* 몸의 각 부위를 연동해서 적절하게 움직이는 동작

주의 사항
- 처음에는 어른과 함께해서 고무의 신축성에 맞추어 어떻게 힘을 조절해야 하는지 경험하게 한다.
- 바닥에 앉는 자세가 불안정한 아이는 책상에서 도전하게 한다.

놀이 전에 알아두세요!

종이컵은 주변에서 쉽게 구할 수 있는 가볍고 사용하기 편한 소재이면서 힘 조절 연습을 할 때 유용한 도구입니다. 아이가 종이컵을 잡아서 옮기는 모습을 보면 시지각(33쪽 참고)을 어떻게 사용하는지 파악할 수 있습니다. 아이가 눈동자를 제대로 움직여서 종이컵을 보고 있는지 살펴보세요.

종이컵의 크기와 개수, 고무줄 길이와 굵기를 바꾸면 더 다양하게 놀이를 즐길 수 있습니다. 조작이 어려워서 아이가 짜증을 내면 옆에서 자연스럽게 도와주세요.

응용 놀이

젓가락 크레인

▶ 젓가락 크레인

젓가락 크레인은 혼자 할 수 있는 놀이입니다. 나무젓가락을 한쪽씩 손에 들고 양손으로 종이컵을 잡습니다. 종이컵을 들어 올려서 같은 번호가 적힌 종이컵 위에 올려 주세요.

▶ 종이컵 피라미드

손을 사용해서 종이컵을 피라미드 형태로 쌓아 올려 보세요. 1단은 다섯 개, 2단은 네 개와 같은 식으로 종이컵 개수를 하나씩 줄이며 쌓아 갑니다. 종이컵을 올릴 위치를 확인하고 균형을 유지하며 쌓는 것이 포인트입니다.

참고하세요!

아이가 고무줄을 당길 때 힘을 조절하기 어려워하면 바로 놀이부터 시작하지 말고 일단 고무줄을 당기며 놀아 보세요. 힘을 어떻게 조절해야 하는지 체감하게 합니다. 종이컵에 아이가 좋아하는 스티커를 붙이면 아이의 관심을 자극할 수 있습니다. 그 밖에 다양한 아이디어를 고민해 보세요.

이런 아이에게 추천해요!

신체 움직임이 부자연스러워요.

신체 이미지 균형 센서 협응 능력

놀이 34 훌라후프 전달하기

이렇게 놀아요

아이와 어른이 손을 잡고 원을 만듭니다. 시작 신호에 맞추어 옆 사람과 손을 잡은 채로 훌라후프를 옆으로, 옆으로 건넵니다. 머릿속으로 자기 몸의 형태를 떠올리고, 어떻게 하면 손을 놓지 않은 채로 훌라후프를 옆 사람에게 건네줄 수 있는지 생각하면서 몸을 움직여 보세요.

효과와 목적

- 머릿속으로 자신의 **신체 이미지를 떠올린다.**
- 팔과 다리, 몸통을 **의도적으로 동시에 움직이는 방법**을 배운다.
- **다른 사람의 동작을 보고** 움직이는 방법에 관한 힌트를 얻는다.

주의 사항

- 훌라후프를 전달하는 일에 열중한 나머지 **몸을 지나치게 움직이지 않도록** 한다.
- 마음처럼 되지 않는다고 짜증 내지 않도록 **어른이 적당히 도와준다.**

놀이 전에 **알아두세요!**

이 놀이는 신체 움직임이 부자연스러운 아이에게 자기 몸을 어떻게 움직여야 하는지를 쉽게 가르쳐 줍니다. 훌라후프 크기는 몸에 비해 클수록 옆으로 전달하기 쉬우니 아이에게 맞추어 조정해 주세요. 촉각이 예민해서 손잡기를 싫어하는 아이는 손 사이에 손수건을 끼우고 잡도록 해도 괜찮습니다. 그룹을 나누어서 시합하거나 일부러 키 차이가 나는 그룹을 만들고, 인원수를 늘리는 식으로 응용해 보세요. 아이의 특성과 그때그때 분위기에 맞추어 다양하게 변형할 수 있는 놀이입니다.

응용 놀이

팀 대항 훌라후프 전달하기

▶ 팀 대항 훌라후프 전달하기

팀을 나누어서 속도를 겨루어 보세요. 시작 신호에 맞추어 훌라후프를 옆으로 전달하기 시작하고 한 바퀴를 먼저 도는 팀이 승리합니다.

▶ 밧줄 고리 전달하기

훌라후프 대신 고리 형태로 만든 밧줄을 사용할 수도 있습니다. 훌라후프 전달하기와 마찬가지로 몸을 통과시켜서 밧줄을 다음 사람에게 전달해 주세요.

밧줄로 하면 형태가 고정되지 않아서 훌라후프보다 어려울 수도 있습니다.

참고하세요!

몸을 어떻게 움직일지, 훌라후프를 어떻게 옆 사람에게 전해 줄지를 생각하면서 자연스럽게 움직임을 기획하는 능력(운동 기획력)이 발달합니다. 운동 기획력은 신체 이미지를 바탕으로 발달하는 능력으로 알려져 있습니다. 이 놀이를 통해 천천히 신중하게 신체 이미지를 확인하면서 운동을 기획하는 능력을 발달시켜 보세요.

이런 아이에게 추천해요!

거리감이 없어서 자주 부딪혀요.

신체 이미지

균형 센서

협응 능력

놀이 35 훌라후프 통과하기

이렇게 놀아요

이 놀이는 2인 1조로 진행합니다. 아이들끼리 또는 어른과 짝이 되어 함께 놀 수 있습니다. 우선 한 명이 훌라후프를 세워서 잡아 주세요. 다른 한 명은 시작 신호에 맞추어 훌라후프를 왕복해서 통과합니다. 통과한 다음에는 통과한 아이가 훌라후프를 잡고, 잡고 있던 아이가 훌라후프를 왕복해서 지나갑니다. 이 과정을 반복하면서 순서대로 훌라후프를 통과하는 놀이입니다.

훌라후프를 통과하는 방식은 기본적으로 자유지만, 네발로 기어가기나 몸을 숙여 통과하기와 같이 자세를 지정해도 괜찮습니다.

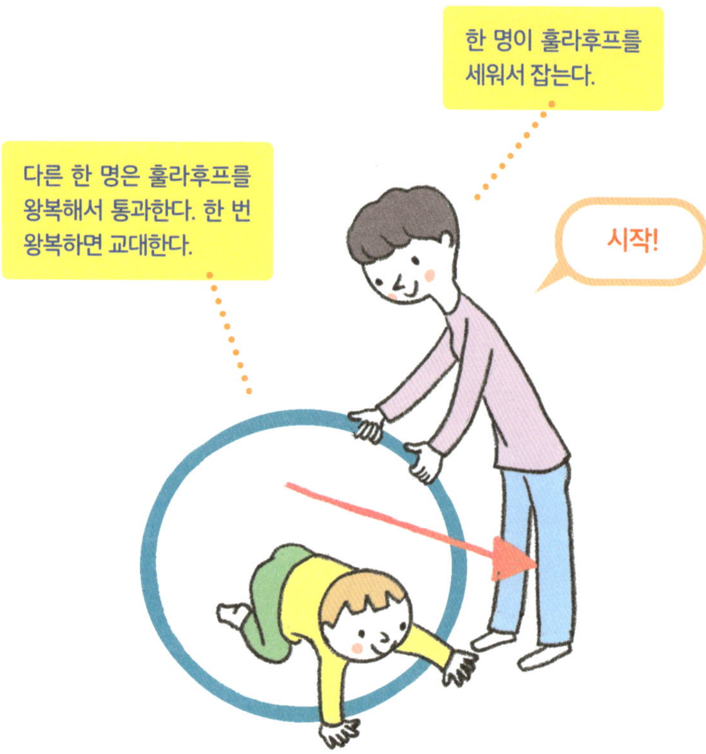

효과와 목적

- 몸을 유연하게 움직여서 훌라후프를 통과한다.
- 통과했다가 다시 돌아오는 과정에서 동작을 바꾸어 가며 신체를 사용한다.
- 두 사람이 교대로 노는 즐거움을 경험한다.

주의 사항

- 어른은 아이가 훌라후프에 부딪히지 않도록 지켜본다.
- 훌라후프에 아이가 부딪히지 않도록 크기가 큰 것을 사용한다.

놀이 전에 알아두세요!

사용하는 훌라후프의 크기는 아이가 어려움 없이 통과할 수 있도록 되도록 큰 것이 좋습니다. 익숙해지면 훌라후프 크기를 줄이고 몸을 더 작게 웅크려 통과하기에 도전해 보세요.

처음에는 천천히 느린 속도로 진행해야 합니다. 서두르다가 목이나 몸의 일부가 걸릴 수도 있습니다. 아이에게 천천히 지나가도 괜찮으니 훌라후프에 부딪히지 않고 통과해야 한다는 생각을 심어 주세요.

응용 놀이

이중 훌라후프 통과하기

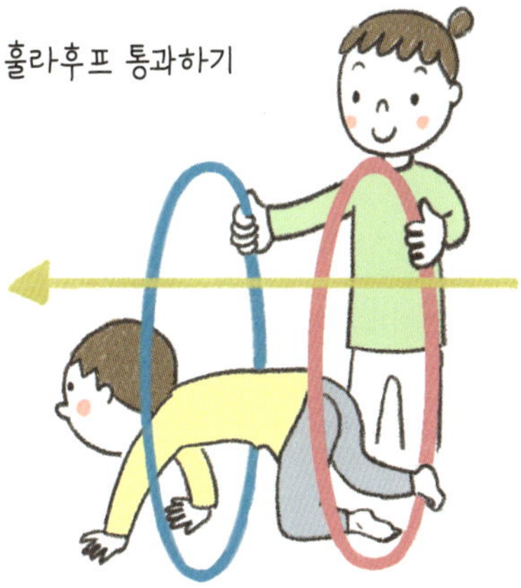

▶ 이중 훌라후프 통과하기

한 명이 훌라후프 두 개를 양손에 들고 어깨너비로 벌려 세웁니다. 다른 한 명은 훌라후프 두 개를 왕복해서 통과합니다. 한 번 통과한 후에는 서로 교대해 주세요.

▶ 훌라후프 이어 가기

먼저 출발점과 도착점을 정합니다. 한 명은 출발 지점에서 훌라후프 한 개 또는 두 개를 들고 서 있고, 다른 한 명은 훌라후프를 통과해 앞으로 갑니다. 서로 교대하면서 계속 앞으로 가서 도착점에 도달하는 놀이입니다.

참고하세요!

훌라후프를 통과할 때는 상반신과 하반신, 오른쪽과 왼쪽을 조화롭게 움직이게 됩니다. 훌라후프 통과하기는 즐겁게 놀면서 다양한 동작을 유도하는 놀이입니다. 또한 고유 감각을 통해 자기 몸의 크기와 외곽선을 인지하게 됩니다. 해당 기능이 제대로 작동하지 않으면 사람이나 사물과 자주 부딪힐 수 있습니다. 놀이를 통해서 고유 감각을 발달시켜 주세요.

column

어쩌면 친구들과 다투는 것도 감각통합 때문일지 모릅니다

서로 접촉이 많은 상황에서는 아이들 사이에서 끊임없이 다툼이 벌어집니다. 당한 아이는 "갑자기 때렸어요", "나는 가만히 있었는데 밀었어요"라며 속상한 마음을 토로하지만, 막상 당사자에게 물어봐도 왜 그랬는지 모르겠다는 대답만 돌아옵니다. 물론 아이도 그런 짓을 하면 안 된다는 사실은 알고 있습니다. 그 자리에서는 다시는 그러지 않겠다고 약속하지만, 결국 같은 일은 또 벌어집니다.

또한 친구들과 친해지지 못하는 아이나 감정 기복이 심하고 정서가 불안정한 아이를 보면 본인의 노력이 부족하거나 가정교육에 문제가 있다고 생각하기도 합니다.

하지만 그럴 때일수록 감각통합 관점에서 생각해야 합니다. '접촉이 많은 상황'이라는 부분에 주목해 주세요. 평소 아이가 만지지 않으려고 하던 물건이 있지 않았나요? 어른이 안거나 만지려고 할 때 슬쩍 피하지는 않던가요? 촉각 관점에서 보면 피부에 있는 감각 센서에 이상이 있다는 가설을 세울 수 있습니다. 다시 말해 접촉이 많은 상황 자체가 문제였던 겁니다.

어른 눈에는 아주 가벼운 접촉으로 보일지라도 아이에게는 불쾌한 스트레스였고, 그래서 자신을 지키기 위해 상대를 때리거나 밀치는 행동이 나왔을 겁니다. 다른 사람 눈에는 갑자기 때린 것처럼 보였겠지만 사실은 불쾌한 스트레스가 점점 쌓여 가다가 마지막에 사소한 자극 하나로 터져서 공격적인 행동을 보이는 시스템입니다. 이 행동은 무의식중에 자신을 지키려고 하는 반사적 행동이기 때문에 아무리 타일러도, 약속을 받아 내도 제어하기 어렵습니다. 이때는 접촉이 많은 상황에 장시간 노출되지 않도록 환경을 정비해 주어야 합니다. 아이 마음에 사소한 불쾌감이 점점 쌓이고 있다는 사실을 어른이 먼저 알아주세요.

문제를 일으킬 소지가 큰 상황을 고려해서 환경을 정비한다

☐ 나란히 줄을 서 있을 때 ☐ 옷을 갈아입을 때 ☐ 화장실 갈 때

☐ 자유 놀이를 할 때(▶예시)

▶ 장난감과 장소를 공유하는 평행놀이를 할 때

▶ 소꿉놀이와 같은 역할놀이를 할 때 ▶ 실내 놀이가 길어졌을 때

☐ 정리할 때 ☐ 활동을 전환할 때 ☐ 기타 (   )

제 6 장

놀이 편

감각 만끽하기

6장에서는 주로 감각 욕구 불균형에 효과적인 놀이를 소개합니다.

이런 아이에게 추천해요!

산만하고 가만히 있지를 못해요.

시각 센서 / 균형 센서 / 정서 안정

놀이 36 수건 그네

이렇게 놀아요

목욕 수건을 펼쳐서 아이를 위에 눕히고 수건 끝을 잡아 들어 올린 다음 좌우로 흔들어 주세요. 정면에 선 어른은 아이와 시선을 맞추고 열을 세거나 노래를 불러서 아이가 시작과 끝을 알 수 있도록 합니다.

효과와 목적

- 목욕 수건 위에서 흔들리는 자극을 즐긴다.
- 몸을 가만히 멈추고 움직임을 제어하는 힘을 기른다.
- 기분 좋은 감각을 통해 안정감을 얻는다.

주의 사항

- 목욕 수건의 크기는 아이에게 맞추어서 고른다.
- 아이가 무서워하면 바닥에 놓은 채로 흔든다.
- 흔들 때는 아이와 시선을 맞춘다.

놀이 전에 알아두세요!

아이가 불안해하면서 하고 싶어 하지 않으면 처음에는 즐겁게 노는 모습을 지켜보게만 합니다. 즐겁게 노는 모습을 보면서 안심하게 되면 자기도 해 보고 싶다는 마음이 생길 겁니다.

또는 아이를 앉아 있는 자세에서 흔들어 주거나 어른의 무릎에 올리고 흔들어 주는 방식부터 시작해도 좋습니다.

Column

노는 모습을 보여 주세요

불안감이 강한 아이는 새로운 놀이를 꺼리는 경우가 많습니다. 어떻게든 아이가 체험했으면 하는 마음에 어른들은 이런저런 궁리를 하지만, 사실 그저 다른 아이들이 노는 모습을 보기만 해도 충분합니다. 친구들이 즐겁게 노는 모습을 보면 뇌가 자기도 같이 놀고 있다는 착각을 일으킵니다. 이런 작용을 '거울신경 효과'라고 합니다.

거울신경 효과란, 거울신경이라는 특정 뇌 신경세포가 타인의 행동을 보고 작동하기 시작하면 이를 보고 있는 사람이 같은 행동을 쉽게 따라 할 수 있는 현상을 말합니다. 거울신경은 다른 사람의 행동을 이해하고 모방하는 능력을 관리합니다.

따라서 어른과 아이 모두 마음 놓고 즐겁게 노는 상황을 공유해 주세요. 스스로 하고 싶다는 마음이 생길 때까지 느긋하게 기다리는 자세가 중요합니다.

참고하세요!

흔들리는 감각은 안정감을 주고 뇌의 각성 수준을 내려서 아이가 편안하고 마음 놓을 수 있게 합니다. 아이가 어떤 리듬을 좋아하는지 느끼고 파악해 보세요. 눈을 맞추면 좋겠지만 맞출 수 없는 상황이어도 괜찮습니다. 아이가 기분 좋은 표정을 짓고 있는지만 확인해 주세요.

이런 아이에게 추천해요!

산만하고 신체 움직임이 부자연스러워요.

놀이 37 북 치며 춤추기

이렇게 놀아요

소리가 나는 물건이라면 무엇이든 좋습니다. 종이 상자나 쓰레기통에 비닐 끈을 붙여서 직접 북을 만드는 것도 좋은 방법입니다. 아이가 북 치는 리듬에 맞추어서 몸을 움직일 수 있게 해 주세요.

① 리듬 변화(걷기, 달리기, 멈추기, 점점 빨리, 점점 느리게, 넘어가기 등)

② 음의 강약 변화(살금살금 걷기, 고릴라 걷기, 코끼리 걷기 등)

효과와 목적

- 리듬과 소리의 변화를 감지하고 아이들이 **각자 자신의 느낌을 표현한다.**
- 자세를 잡고 **몸의 움직임을 조절하는 능력**을 기른다.
- 자세 유지를 도와주고 **부자연스러운 신체 움직임을 개선한다.**

주의 사항

- 아이들끼리 **부딪히지 않도록 간격을 벌린다.**
- 넘어져서 다치지 않도록 **주변 안전에 주의**한다.
- 자유 동작을 어려워하는 아이에게는 **동작을 정해 준다.**

놀이 전에 알아두세요!

북이 아니라도 리듬을 만들어 낼 수 있는 물건이면 뭐든 상관없습니다. 북이 있다면 아이들에게 손바닥으로 북을 쳐서 직접 진동을 느껴 보고 소리의 울림도 느끼게 해 주세요.

스파이가 되어 이런저런 걸음걸이를 흉내 내다가, 소리가 멈추면 "적이다!"라는 신호에 맞추어서 들키지 않게 동물이나 돌, 벽, 나무 같은 사물로 변신해 보는 건 어떨까요? 다양하게 응용하면 더 재밌게 즐길 수 있습니다. 리듬이 빨라지면 뛰었다가 느려지면 겅중겅중 걷는 식으로 여러 아이디어를 집어넣어서 몸을 움직여 보세요.

응용 놀이

한 발로 콩콩

▶ 한 발로 콩콩

둥둥둥 울리는 북소리 리듬과 신나는 구호에 맞추어서 한 발로 콩콩 두 번씩 번갈아 뛰어 보세요.

▶ 장애물 뛰어넘기

우유 팩으로 만든 장애물(덤불숲이라고 상상해 봅시다)을 바닥에 놓아 주세요. 북소리가 짧고 빠르게 둥둥둥 울리면 뛰어가다가, 두둥 하고 울리는 순간에 폴짝 뛰어넘습니다. 익숙해지면 두 사람이 한 조가 되어 함께 호흡을 맞추어 뛰는 방식에도 도전해 보세요.

참고하세요!

리듬에 맞추어 몸을 이리저리 흔들며 폴짝폴짝 뛰는 동작은 무척 신이 납니다. 고유 감각과 전정 감각을 자극하는 동시에 상반신과 하반신, 몸의 좌우를 조화롭게 움직일 수 있습니다. 모두가 함께 동작과 구호를 맞추면 절로 신이 나겠지만, 뇌의 각성 수준을 올려 주는 놀이인 만큼 중간중간 휴식이 필요하다는 점을 잊지 마세요.

이런 아이에게 추천해요!

산만하고 가만히 있지를 못해요.

놀이 38 엉덩이 썰매

이렇게 놀아요

아이는 바닥에 앉아서 다리를 앞으로 쭉 뻗은 자세를 취하고 손은 허벅지 뒤를 잡습니다. 어른은 아이 발목을 잡고 당겨서 아이를 끌어 주세요. 다리를 비스듬히 들고 당기지만 아이는 끌려오면서 자세를 유지해야 합니다.

효과와 목적

- 자세를 유지하고 부자연스러운 신체 움직임을 개선한다.
- 몸의 중심을 느끼면서 균형 감각을 기른다.
- 근육을 적절하게 긴장시키는 방식을 터득한다.

주의 사항

- 아이가 자세를 유지하지 못하면 '수건 썰매' 놀이(76쪽 참고)로 바꾼다.
- 바닥에 턱이 없는지 미리 확인한다.
- 갑자기 힘을 주어 당기지 말고 미리 알린 다음 아이의 상태를 보고 당긴다.

놀이 전에 알아두세요!

'엉덩이 썰매'는 아이가 자세를 유지해야 하는 놀이로 고유 감각과 전정 감각 이상에도 효과적입니다. 어른이 당겨 주면 아이는 속도감을 느끼면서 감각 욕구를 채울 수 있습니다. 아이를 끌어 주다 보면 힘은 들겠지만, 숨이 차도록 애쓰는 모습을 보면 아이가 힘내라고 응원해 주지 않을까요? 혹시 아이가 자세를 유지하지 못하면 '수건 썰매' 놀이부터 시작해도 괜찮습니다.

Column

감각 욕구와 정서 안정

몸 안에서 느끼는 고유 감각과 전정 감각을 채워 주면 안절부절못하며 과잉행동을 보이는 아이도 정서가 안정되고, 문제 행동을 일으키는 일이 줄어듭니다. 따라서 감각 욕구가 강한 아이에게는 감각 욕구를 채울 수 있는 놀이가 필요합니다. 근육과 관절을 통해 확실한 감각 자극을 받고 흔들림과 회전을 느끼는 일이 중요하다는 사실을 잊지 마세요.

하지만 그렇다고 계속 움직일 수는 없습니다. 아이가 앉아서 놀 수 있는 놀이도 분명 필요합니다. 좋아하는 놀이를 찾아서 집중할 수 있도록 도와주세요.

감각 욕구를 채우는 놀이와 앉아서 집중할 수 있는 놀이를 적당히 조합해서 완급을 조절할 수 있다면 최고가 아닐까요?

참고하세요!

가위바위보를 해서 아이가 이기면 20초간 끌어 주기, 자세가 흐트러지면 10초간 휴식하기와 같은 요소를 적용하면 더 즐겁게 놀 수 있습니다. 아이는 끌어 주는 힘과 속도에 맞추어 근육과 관절을 적절하게 움직이는 경험을 쌓고 배워 갑니다. 행동 전환을 어려워하는 아이가 있다면 다음 장소까지 이동할 때 다리를 잡고 끌어 주세요. 하던 일을 멈춘 보상으로 활용하면 행동 전환 문제 개선에도 도움이 됩니다.

이런 아이에게 추천해요!

산만하고 가만히 있지를 못해요.

놀이 39 사과 껍질 벗기기

이렇게 놀아요

아이는 무릎을 끌어안고 엉덩이를 뗀 자세로 웅크리고 앉아서 사과처럼 몸을 둥글게 합니다.

어른은 "사과 껍질을 벗겨 봅시다"라고 말하며 둥글게 웅크린 아이의 등을 두 손으로 힘주어 밀며 문지르듯 위에서 아래로 내려 주세요. 아이는 어른의 힘을 버티며 몸을 둥글게 웅크립니다. 미는 힘은 아이가 자세를 유지하고 넘어지지 않을 정도 선에서 조절해 주세요.

효과와 목적

- 고유 감각에 감각 자극을 채워 준다.
- 몸의 중심을 느끼면서 균형 감각을 기른다.
- 근육을 적당히 긴장시키는 방법과 관절을 고정하는 방식을 배운다.

주의 사항

- 힘의 세기를 적당히 조절해서 아이가 넘어지지 않도록 한다.
- 아이가 엉덩방아를 찧어도 아프지 않을 장소에서 한다.

놀이 전에 알아두세요!

웅크리는 자세를 유지하지 못하는 아이도 있습니다. 그럴 때는 엉덩이 아래에 작은 상자를 두고 앉아서 할 수 있게 배려하고, 아이가 조금씩 웅크리는 자세를 유지할 수 있도록 방법을 고민해 보세요. 실패를 싫어하는 아이라면 최대한 엉덩방아를 찧지 않도록 어른이 아슬아슬하게 힘을 조절해서 아이가 자세를 유지할 수 있도록 도와주세요. 아이가 성공 경험을 쌓도록 지원한다는 부분이 포인트입니다.

응용 놀이

사과나무

▶ 사과나무

아이는 양팔을 옆으로 펼치고 다리를 어깨너비로 벌린 자세로 섭니다. 작은 공을 사과라고 생각하고 아이의 어깨와 손바닥, 머리 위에 올려 주세요. 사과를 떨어뜨리지 않도록 버티는 놀이입니다.

▶ 사과 옮기기

이 놀이는 위에서 설명한 놀이에 이어서 할 수 있습니다. 아이는 어깨와 머리에 올린 공을 떨어뜨리지 않고 이동합니다. 지정된 상자 앞으로 가서 손을 사용하지 않고 어깨와 머리에 있는 공을 떨어뜨려 상자에 넣어 주세요.

참고하세요!

일상생활에서는 몸에 힘을 줄 일이 그다지 많지 않습니다. 그러니 놀이를 통해서라도 경험할 수 있게 해 주세요. 감각 욕구가 채워지면 정서가 안정됩니다. 몸을 둥글게 말고 힘을 주면서 자세를 유지하는 일이 쉽지는 않지만, 그만큼 재미있는 놀이입니다.

이런 아이에게 추천해요!

자세를 유지하지 못해요.

신체 이미지 균형 센서 정서 안정

놀이 40 엘리베이터 체조

이렇게 놀아요

아이는 머리와 등을 벽에 붙인 상태로 서서 그대로 천천히 몸을 내립니다. 머리와 등을 벽에서 떼지 않고 똑바로 몸을 내리는 동작에 집중해 주세요. 어른이 "내려갑니다" 또는 "올라갑니다"라고 지시하면 아이는 엘리베이터처럼 몸을 올리거나 내립니다. 도중에 어른이 "정지"라고 말하면 투명 의자에 앉은 듯한 자세로 잠시 멈추어 주세요.

효과와 목적

- 근육을 적당히 긴장시키고 관절에 힘을 주며 움직인다.
- 균형을 잡고 자세를 유지하는 힘을 기른다.
- 어른의 지시에 따르는 법을 배운다.

주의 사항

- 어른은 아이 상태를 보면서 속도를 조절한다.
- 아이가 어려워하면 어른이 시범을 보여 준다.

놀이 전에 알아두세요!

'엘리베이터 체조'는 균형을 잡고 자세를 유지하는 힘을 기르는 놀이입니다. 다만 투명 의자에 앉는 자세는 근육이 어느 정도 발달하지 않은 아이에게는 어려운 동작일 수 있으니 무리해서 집어넣지 않아도 괜찮습니다. 아이가 자세를 내렸다 올렸다 하는 동작에 재미를 느낄 수 있도록 지시를 내리는 속도에 신경 써 주세요. 아이가 마음 놓고 자세를 낮출 수 있도록 적당한 높이의 의자나 받침대를 준비해서 몸을 내렸을 때 앉아서 쉴 수 있도록 하는 것도 좋은 방법입니다.

Column

근긴장이란?

근긴장이란 근육에 힘이 들어가 팽팽하게 당겨진 정도를 말합니다. 우리는 움직임에 따라 적절하게 근육을 당겨서 필요한 동작을 완수합니다. 너무 팽팽하게 당기면 힘이 과해지고 너무 약하게 당기면 움직임을 유지하지 못해서 동작을 수행할 수 없습니다. 근긴장은 근력과 달리 뇌가 몸의 움직임에 맞추어서 적절한 정도를 판단합니다.

움직임에 맞는 근긴장도를 유지하지 못하면 근긴장이 낮은 상태(근육이 가진 기본적인 긴장 상태가 약하다)가 됩니다. 이와 같은 상태는 고유 감각이나 전정 감각에도 큰 영향을 끼치게 됩니다.

근긴장도가 낮으면 중력을 거스르며 몸을 똑바로 지탱하기 힘들기 때문에 자세를 유지하기 위한 노력이 필요해집니다.

그러다 보니 근긴장도가 낮은 아이는 자세가 불량해 보이거나 야무지지 못한 아이로 보일 수 있습니다. 또한 쉽게 피곤해하고 오래 움직이기 싫어하는 데다 손끝 움직임이 서툴고, 힘이 필요한 활동을 꺼리는 경향이 두드러집니다. 이런 유형의 아이는 지속적으로 근육을 사용하는 놀이를 통해 고유 감각과 전정 감각을 충분히 자극해 주어야 합니다.

참고하세요!

일대일로도 할 수 있는 놀이지만 아이들을 벽에 나란히 세우고 어른이 한 번에 지시를 내리는 방식도 재미있습니다. 어른이 정지하라는 지시를 내리고 5~10초 정도 숫자를 세는 동안 아이들이 자세를 유지할 수 있는지 도전해 보세요.

이런 아이에게 추천해요!

산만하고 가만히 있지를 못해요.

신체 이미지 · 균형 센서 · 청각 센서

놀이 41 무궁화꽃이 점프합니다

이렇게 놀아요

술래 한 명이 정해지면 술래는 뒤로 돌아서고 아이들은 10미터 정도 떨어진 출발선에 한 줄로 섰다가 술래를 향해 걸어갑니다. 술래는 "무궁화꽃이 점프합니다"라고 말하고 뒤를 돌아봅니다. 아이들은 술래의 지시에 따라서 술래가 보고 있는 동안 계속 폴짝폴짝 점프합니다. 그렇게 술래와 출발선 사이를 왔다 갔다 하면서 놀이를 반복합니다.

효과와 목적

- 규칙을 이해하고 준수하는 법을 배운다.
- 걷는 동작에서 점프하는 동작으로 전환하는 능력과 순발력, 유연성을 기른다.
- 움직임을 제어하는 기능을 단련한다.

주의 사항

- 놀이 중에 뇌의 각성 수준이 올라갈 테니 반드시 걸어야 한다는 규칙을 지키게 한다.
- 아이들끼리 부딪히지 않도록 거리를 둔다.

놀이 전에 알아두세요!

술래와 출발선 사이를 왔다 갔다 한다는 규칙과 반드시 걸어서 이동한다는 규칙을 지키기로 아이와 미리 약속하고, 시합이 아니라는 점도 확실하게 전달한 다음 놀이를 시작해 주세요. 뛰는 방식은 자유지만 반드시 제자리에서 뛴다는 약속도 받아 두세요. 또한 놀이에 지나치게 열중한 나머지 아이들끼리 부딪힐 수도 있으니 거리도 적당히 벌려 주어야 합니다. 단순한 놀이지만 마음껏 몸을 움직이면서 고유 감각과 전정 감각을 만끽할 수 있을 겁니다.

응용 놀이

무궁화꽃이 돌아갑니다

▶ 무궁화꽃이 돌아갑니다

술래가 하는 말을 "무궁화꽃이 돌아갑니다"로 바꾸어 보세요. 술래가 돌아보고 있는 동안 아이는 제자리에서 빙글빙글 돌면 됩니다. 주변에 부딪치지 않도록 어른이 옆에서 지켜봐 주세요. 너무 많이 돌아서 어지러워지지 않도록 주의가 필요합니다.

▶ 무궁화꽃이 ㅇㅇ입니다

무궁화꽃이 점프합니다, 돌아갑니다, 한 발로 섭니다, 제자리걸음 합니다와 같이 뒷부분에 다양한 동작을 넣어서 여러 가지 놀이로 즐겨 보세요.

참고하세요!

'무궁화꽃이 피었습니다'는 이처럼 다양하게 응용할 수 있는 놀이입니다. 평상시에는 뛰거나 빙글빙글 도는 동작을 제한할 수밖에 없지만 이 놀이를 통해서라면 아이들이 마음껏 움직이며 즐길 수 있습니다. 술래가 "무궁화꽃이~"라는 말을 느리게 하면 걸음도 천천히 걷는 식으로 행동을 다양하게 조절하면서 신나게 놀아 보세요.

이런 아이에게 추천해요!

물건을 던지고 신체 움직임이 부자연스러워요.

파워 센서 / 시각 센서 / 협응 능력

놀이 42 과녁 맞추기

이렇게 놀아요

준비물

- 훌라후프
- 공
- 마스킹 테이프(접착 면이 밖으로 오도록 해서 훌라후프 안쪽을 가로지르게 세 방향으로 붙인다.)

훌라후프에 마스킹 테이프를 감아서 과녁을 만들어 주세요. 아이가 공을 잡고 과녁을 향해 던져서 맞추는 놀이입니다. 과녁에 달라붙어 있는 공을 잡아서 떼어 내는 동작도 즐겨 보세요.

효과와 목적

- 눈과 손의 협응 운동, 고유 감각, 전정 감각의 발달을 촉진한다.
- 감각 욕구(던지고 싶다, 뛰고 싶다)를 적절한 놀이로 바꾸어 준다.
- 부자연스러운 움직임을 개선하고, 옷을 갈아입는 동작 발달에도 도움이 된다.

주의 사항

- 아이들끼리 부딪히지 않도록 충분한 거리를 확보한다.
- 과녁과 공의 크기는 아이 능력에 맞추어서 던지기 편한 것으로 고른다.

놀이 전에 알아두세요!

아이가 장난감을 던지거나 실내에서 마구 뛰어다니는 이유는 몸 안에 감각 욕구가 끓어넘치기 때문입니다. 이럴 때는 무언가를 던지거나 몸을 움직이는 놀이를 준비해서 아이의 감각 욕구를 채워 주어야 합니다. 또한 여러 가지 동작을 동시에 수행하면 생활 속에서 필요한 동작을 익히는 데도 도움이 됩니다. 훌라후프로 만든 과녁을 높은 위치나 벽, 바닥에도 놓아 보세요. 과녁 수를 늘리면 아이들이 서로 부딪히지 않게 분산되어서 안전도 확보할 수 있습니다.

응용 놀이

벨크로 테이프 과녁 맞추기

▶ 벨크로 테이프 과녁 맞추기

마스킹 테이프 대신 벨크로 테이프로 훌라후프를 감아 과녁을 만들면 아이들이 공을 떼어 낼 때 힘을 더 주게 됩니다. 공을 떼어 내려면 힘을 더 주어서 당겨야 하니 어깨와 팔, 손에 들어가는 힘의 세기가 달라집니다.

▶ 다양한 공 던지기

공의 크기와 무게를 다양하게 해 보세요. 공을 던질 때 제어하는 방식이나 힘을 주는 강도가 달라져서 난이도를 조정할 수 있습니다.

참고하세요!

감각 욕구가 강한 아이는 실내에서 마구 뛰어다니거나 물건을 집어 던지는 등 부적절한 행동으로 자신의 욕구를 표현합니다. 이때 아이의 욕구를 적당히 채워 주려면 과녁 맞추기처럼 던져도 괜찮은 놀이를 준비해야 합니다. 과녁 맞추기 놀이는 게임 성격이 강해서 아이의 도전 정신도 자극합니다. 높이와 거리를 조정하면 2세 아이도 즐길 수 있는 놀이입니다.

이런 아이에게 추천해요!

산만하고 자세를 유지하지 못해요.

신체 이미지 시각 센서 균형 센서

놀이 43 걸레 밀고 GO!

이렇게 놀아요

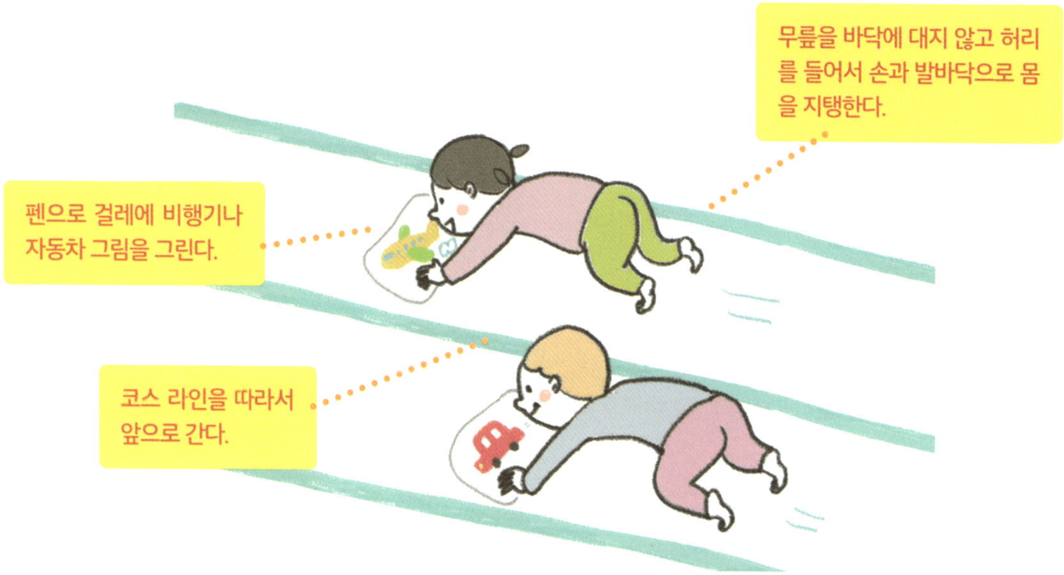

출발선에 자동차나 비행기 그림을 그리거나 붙인 걸레를 놓고 어른의 신호에 맞추어 아이가 걸레를 밀고 앞으로 갑니다. 바닥에 마스킹 테이프나 절연 테이프를 붙여서 코스 라인을 만들면 아이들끼리 부딪히는 사고를 방지할 수 있습니다. 목표 지점을 정해서 서로 겨루는 재미도 느껴 보세요.

효과와 목적

- 팔 힘으로 몸을 지탱하고 나아가면서 고유 감각을 자극한다.
- 배와 등 근육을 동시에 사용해 몸의 중심을 잡는다.
- 앞을 똑바로 보는 법을 배운다.

주의 사항

- 부딪히면 위험할 물건은 미리 치워 둔다.
- 아이 체력에 맞추어서 걸레를 밀고 갈 거리를 조정한다.

놀이 전에 알아두세요!

아이는 놀이에 열중하면 주변을 보지 못하기도 합니다. 친구와 부딪히거나 앞으로 고꾸라질 수 있으니 적당히 거리를 조정해 주세요.

고유 감각과 전정 감각을 확실하게 자극하는 놀이인 만큼 쉽게 흥분하는 아이는 중간중간 쉬어 가면서 놀 수 있도록 해야 합니다. 예를 들면, 역에서는 멈춘다는 설정을 만들어서 멈추는 장소를 규칙으로 정하면 어떨까요? 아이가 놀이를 즐기면서 휴식도 취할 수 있으니 두 마리 토끼를 잡는 방법입니다.

응용 놀이

걸레 밀고 이어달리기

▶ 걸레 밀고 이어달리기

두 팀으로 나누어서 이어달리기 형식으로 진행해 보세요. 코스를 왕복하고 다음 아이에게 바통을 넘기면 다음 아이가 출발하는 식입니다.

▶ 가위바위보 걸레 밀기

아이들이 2인 1조가 되어 가위바위보를 하고, 진 아이가 라인을 따라 왕복합니다. 돌아오면 다시 가위바위보를 해서 놀이를 이어 갑니다.

참고하세요!

걸레를 자동차나 비행기 같은 이동 수단이라고 생각하면 신나게 놀 수 있습니다. 물론 꼭 이동 수단일 필요는 없습니다. 아이가 좋아하는 동물을 적용할 수도 있습니다. 걸레를 밀고 가는 동작은 고유 감각과 전정 감각을 확실하게 자극합니다. 아이가 고개를 들고 제대로 앞을 보면서 가는 기본 자세를 유지하는지 확인해 주세요.

이런 아이에게 추천해요!

산만하고 자세를 유지하지 못해요.

신체 이미지

균형 센서

협응 능력

놀이 44 손잡고 바위·보 점프!

이렇게 놀아요

이 놀이는 몸으로 하는 가위바위보 자세를 이용합니다. '바위'는 다리를 모으고 뛰는 자세, '보'는 다리를 벌리고 뛰는 자세입니다. 어른의 지시에 맞추어 다리를 벌렸다가 모았다가 바꾸어 가며 반복해서 점프합니다. 이때 아이 둘이 서로 손을 잡고 지시를 따라 외치며 뛰도록 해 주세요. 어른이 시작을 알리면 뛰고 정지를 외치면 멈춥니다.

효과와 목적

- 어른의 목소리에 반응해서 **행동을 통제**한다.
- 몸의 중심을 느끼고 **뛰는 힘을 기른다.**
- 고유 감각과 전정 감각에 **감각 자극을 채운다.**

주의 사항

- 뇌 감각을 자극하면 각성 수준이 올라가므로 **적당히 휴식을 취하며 진행한다.**
- 점프할 때는 **위로 똑바로 뛰도록** 한다.

놀이 전에 알아두세요!

친구와 손을 잡고 함께 뛰면 재미도 두 배로 느낄 수 있습니다. 동시에 고유 감각과 전정 감각을 자극해서 몸의 중심을 느끼게 하고 몸 중심 근육도 단련시켜 주는 놀이입니다.

아이에게 위로 똑바로 뛰도록 주의를 주어, 친구를 밀거나 균형을 잃고 넘어지지 않도록 해 주세요. 바닥에 원을 그려서 뛰는 위치를 표시하는 식으로 단서를 시각화하는 것도 좋은 방법입니다.

응용 놀이

▶ 나 홀로 바위·보 점프!

'바위'에서는 양 손바닥을 머리 위에서 맞대고, '보'에서는 팔을 옆으로 펼쳐 주세요. 동작을 바꾸어 가면서 점프를 반복합니다.

▶ 스피드 바위·보 점프!

어른이 10~30초 동안 시간을 잽니다. 아이는 혼자서 또는 2인 1조로 몇 번 뛰었는지 세어 가면서 점프합니다. 누가 더 많이 뛰었는지 겨루어 보세요.

참고하세요!

반복해서 점프하는 동작을 통해서 몸통을 단련시키고 몸의 안정성을 높이면 자세가 좋아집니다. 또한 일단 점프하면 착지할 때 넘어지지 않도록 몸의 평형 감각을 유지해야 하기 때문에 자연스럽게 균형 감각도 좋아집니다. 여기에 더해 친구와 호흡을 맞추어 뛰면서 상대를 배려하는 마음을 배운다는 장점도 있습니다.

column

타인과의 거리감을 이해한다

아이에게 다른 사람과의 거리감을 이해시키기란 쉬운 일이 아닙니다. 아이에게 설명할 때는 구체적인 거리를 제시해 주세요. 아주 가까운 사람과의 거리는 한마디로 '앞으로나란히'를 했을 때 정도입니다. 아이를 돌보는 중에 때때로 놀이처럼 '앞으로나란히'를 시켜서 줄을 세워 보세요. ① 앞 아이의 머리를 보고 ② 손을 뻗었을 때 ③ 닿으면 뒤로 물러나야 한다고 가르칩니다. 아이가 이 사실을 인지하면 다른 사람과 적당한 거리를 유지하며 서거나 걸을 수 있게 됩니다. 그러면 아이들끼리 부딪혀서 생기는 문제를 미리 막을 수 있습니다.

이처럼 대인관계나 집단행동, 사회적 상황에서 적절하게 행동하는 능력(기술)을 '사회성 기술(Social Skills)'이라고 합니다. 사회성 기술은 대부분 일상생활에서 다른 사람과 관계를 맺어 가며 자연스럽게 배워 가지만, 아이 중에는 '자연스럽게 배우는 일'이 어려운 아이도 있습니다. 감각적으로 독특한 특성을 가진 아이는 친구와 친해지기 어렵고 사람들과 얽히는 일을 피하다 보니 경험을 통해 사회성 기술을 터득하기 어렵습니다. 그러니 돌봄 과정에서 기술을 몸에 익힐 수 있도록 신경 써서 배려해야 합니다.

사회성 기술을 가르치는 훈련도 있습니다. 구체적으로는 다음과 같은 과정을 거칩니다. ① 지도 ② 시범 ③ 연습 ④ 피드백 순으로 진행됩니다.

① 가르치고자 하는 기술의 필요성과 배웠을 때 얻을 효과를 그림 카드나 말로 설명하고, ② 행동(기술)을 시범으로 보여 줍니다. ③ 선생님이나 친구들을 상대로 실제로 해 보고, ④ 행동과 반응을 돌이켜 생각해 봅니다. 행동이 적절했다면 칭찬해 주고 부적절했다면 고쳐 줍니다. ①~④까지의 과정을 염두에 두고 구체적으로 차근차근 가르쳐 주세요.

아이에게 가르쳐 주고 싶은 사회성 기술

- ☐ 다른 사람과 물리적 거리(거리감)를 두는 방법
- ☐ 목소리 크기 ▶ 목소리 크기 기준을 제시한다.
- ☐ 장난감을 빌리는 방법 ▶ 친구에게 다가간다. 빌려달라고 말한다. 손은 몸에 붙이고 있는다. 대답을 기다린다.
- ☐ 짜증이 날 때 대처법 ▶ 마음을 가라앉힐 수 있는 장소로 간다. 좋아하는 장난감으로 기분을 바꾼다.
- ☐ 기타 (   )

제 7 장

놀이 편

게임으로 배우기

7장에서는 주로 게임을 통해 감각을 통합하는 놀이를 소개합니다.

이런 아이에게 추천해요!

산만하고 가만히 있지를 못해요.

파워 센서

정서 안정

협응 능력

놀이 45 신문지 기차

이렇게 놀아요

신문지에 아이가 들어갈 수 있을 만한 크기로 구멍 두 개를 뚫고 출발선에 펼쳐 둡니다. 아이들은 구멍에 들어가서 허리 높이로 신문지를 들고 나란히 섭니다.

시작 신호와 함께 신문지가 찢어지지 않도록 조심히 출발해서 반환점을 돌아 출발 위치까지 돌아오는 놀이입니다.

효과와 목적

- 상대에게 맞추어 몸을 움직인다.
- 힘을 조절하면서 신문지를 들고 이동한다.

주의 사항

- 신문지가 금방 찢어지면 여러 장을 겹치거나 훌라후프로 바꾼다.
- 아이에게 상대의 속도를 생각하며 움직이도록 주지시킨다.

놀이 전에 알아두세요!

신문지는 쉽게 찢어질 수도 있습니다. 그럴 때는 신문지를 여러 장 겹쳐서 사용하거나 대신 훌라후프를 붙여서 사용해도 좋습니다. 아이들은 부드러운 신문지를 들고 걷거나 뛰면서 신나게 움직일 겁니다.

힘을 조절하면서 친구의 속도까지 생각해 움직여야 하는 두 가지 이상의 임무를 동시에 수행해야 하니 조금은 어려운 놀이일 수도 있습니다. 게임처럼 대결 구도를 만들어서 즐겁게 도전할 수 있게 해 주세요.

응용 놀이

세로 신문지 기차

▶ 세로 신문지 기차

가로였던 기차를 세로로 바꿉니다. 뒤에 있는 아이는 앞이 잘 보이지 않을 테니 앞에 있는 아이 속도에 맞추게 합니다. 가로일 때보다 상대의 속도를 더 신경 쓰게 됩니다.

▶ 신문지 기차 경주

팀을 나누어서 신문지 기차로 경주를 합니다. 팀별로 시간을 겨루면 도전하고 싶은 마음이 절로 샘솟을 겁니다.

참고하세요!

기차놀이는 이동 수단을 좋아하는 아이들에게 인기 있는 놀이입니다. 신문이라는 다루기 어려운 소재를 사용해서 힘의 강약을 조절하고 상대와 호흡을 맞추는 방법을 배워 갑니다. 즐겁게 난관을 헤쳐 나가며 자연스럽게 임무를 완수하겠지만, 혹시 아이가 어려워하면 천이나 훌라후프처럼 다루기 쉬운 소재로 바꾸어 주세요.

이런 아이에게 추천해요!

시지각력이 부족해서 보고 따라 하지 못해요.

신체 이미지 · 시각 센서 · 청각 센서

놀이 46 몸으로 전달하기

이렇게 놀아요

대장을 한 명 정하고 모두가 둥글게 서서 원을 만듭니다. 대장이 손뼉, 점프, 회전, 만세와 같이 특정 동작을 보여 주면 동작을 본 옆 아이가 똑같이 따라 합니다. 동작을 따라 하며 차례차례 옆으로 전달해서 다시 대장에게 돌아오면 끝나는 놀이입니다. 두 가지 이상의 동작을 조합해서 더 재밌게 놀아 보세요.

효과와 목적

- 눈으로 본 것과 몸의 움직임을 일치시킨다.
- 신체 움직임을 조절해서 동작을 수행한다.

주의 사항

- 차례를 기다려야 한다는 규칙을 주지시킨다.
- 동작이 클 때는 서로 부딪히지 않도록 조심한다.

놀이 전에 알아두세요!

처음에는 어른이 대장을 해도 괜찮습니다. 어른이 대장이 되어서 쉬운 동작을 선보이면 2세 아이도 할 수 있는 놀이입니다. 어느 정도 나이를 먹은 아이들이라면 아이들끼리 대장을 바꾸어 가면서 놀아 보게 하세요. 혼자서 동작을 정하지 못하는 아이가 있다면 미리 그림 카드 같은 메뉴표를 준비해서 동작을 고르게 하는 방법도 있습니다. 또한 동작을 잘 따라 하지 못하는 아이는 맨 끝에 할 수 있게 해 주세요. 다른 아이들이 하는 동작을 지켜보고 따라 하게 하면 도움이 됩니다.

응용 놀이

귓속말 전하기

▶ 귓속말 전하기

아이들끼리 둥글게 서서 원을 만들고 짧은 단어나 표현을 귓속말로 전달합니다. 들은 단어를 기억했다가 다음 사람에게 차례차례 전달해 주세요.

▶ 날 따라 해 봐요

대장이 원 가운데에서 동작을 보여 줍니다. 다른 아이들은 바로 동작을 따라 합니다. 대장은 계속해서 적절히 동작을 바꾸고 아이들은 동작을 따라 하는 놀이입니다.

참고하세요!

따라 하기는 학습의 기본입니다. 단순히 상대의 움직임을 보고 기억해서 따라 하는 놀이로 보이겠지만, '동작 모방'은 자기 몸의 각 부위를 잘 알고, 보지 않고도 원하는 부위를 자유롭게 움직일 수 있는 능력이 필요한 행동입니다. 잘 따라 하지 못하는 아이가 있다면 어른이 옆에서 살짝 도와주세요.

이런 아이에게 추천해요!

균형을 잡지 못해요.

시각 센서 균형 센서 정서 안정

놀이 47 비켜라, 가위바위보

이렇게 놀아요

두 팀으로 나누어서 팀별로 줄을 섭니다. 각자 진영으로 가서 섰다면 구불구불 구부러진 선을 그립니다. 출발 신호와 함께 한 명씩 선을 따라서 상대 진영으로 걸어가 주세요.

가다가 상대를 만나면 "비켜라, 가위바위보!"라고 외치고 가위바위보를 합니다. 이기면 그대로 계속 가고 지면 다음 주자와 교대합니다(자기 팀 사람이 지면 다음 사람이 출발합니다). 먼저 상대 진영에 도착한 팀이 승리합니다.

효과와 목적

- 선에 맞추어 걸으며 **균형을 잡고 걷는 방법**을 익힌다.
- 상대와 타이밍을 맞추어서 가위바위보를 한다.
- 팀원들과 협동하는 경험을 쌓는다.

주의 사항

- 의욕이 앞서서 서로 **부딪히지 않도록 조심히 걷는다.**
- 지고 돌아올 때도 다음 사람과 부딪히지 않도록 조심한다.

놀이 전에 알아두세요!

선 위를 걸으면서 아이는 균형을 유지하기 위해 몸을 움직이게 됩니다. 선을 신경 써야 하는 만큼 뛰어가다 다칠 위험도 줄일 수 있고, 각성 수준이 올라가서 아이가 흥분하는 일도 막을 수 있습니다.

아이가 상대와 만나서 "비켜라. 가위바위보!"를 외치는 타이밍을 잡지 못하면 어른이 대신 말해서 가위바위보하는 타이밍을 알려 주세요. 익숙해지면 선 길이를 더 길게 하거나 더 구불구불하게 해서 아이들이 신체 조정력을 단련할 수 있도록 합니다.

응용 놀이

쿵짝쿵짝 가위바위보

▶ 쿵짝쿵짝 가위바위보

'비켜라, 가위바위보'와 마찬가지로 두 팀으로 나누고 선을 그립니다. 여기서 가위바위보 방식을 바꾸어 보세요. 처음 '쿵'에는 손뼉을 치고, 다음 '짝'에는 상대와 양손을 마주칩니다. '쿵짝'을 한 번 더 반복한 다음에 가위바위보를 합니다.

▶ 비켜라, 가위바위보 2

선을 걸을 때 한 발 뛰기로 뛴다거나 중간에 외나무다리를 집어넣는 식으로 코스를 다양하게 꾸며 보세요. 게임 성격이 강해지면 더욱 재밌게 놀 수 있습니다.

참고하세요!

이 놀이는 걸어야 한다는 규칙을 정해서 안전하게 신체 조정 능력을 발달시킬 수 있도록 구성했습니다. 그렇더라도 놀다 보면 아이들끼리 접촉하는 상황이 생길 수밖에 없으니 어른이 안전을 확보하고 옆에서 지켜봐 주세요. 실내와 실외 어디에서든 할 수 있는 놀이이니 코스를 어떻게 그릴지 생각해서 다양한 아이디어를 적용해 봅시다.

이런 아이에게 추천해요!

신체 이미지를 떠올리지 못해요.

놀이 48 안대 에스코트

이렇게 놀아요

2인 1조가 되어 한 명은 안대로 눈을 가립니다. 다른 한 명은 눈을 가린 아이의 손을 잡고 에스코트하면서 걸어 주세요. 걸어갈 코스는 미리 정해 두고 도착 지점도 정해 둡니다.

안대를 한 아이가 무서워하지 않도록 말을 건네거나 걷는 속도를 조절하면서 다정하게 손을 끌어 주세요. 아이들끼리 다양한 방법을 생각해서 도전하도록 합니다.

효과와 목적

- 상대 몸의 크기를 포함해 여러 **신체 이미지**를 생각하면서 행동한다.
- 상대에게 다정하게 말을 건네며 조심히 에스코트한다.

주의 사항

- 어른이 옆에서 **지켜본다.**
- 부딪히려 할 때는 어른이 돕는다.
- **안대를 한 아이 속도에 맞추어서** 넘어지지 않도록 조심한다.

놀이 전에 알아두세요!

안대를 하고 노는 놀이인 만큼 처음에는 어른이 어떻게 에스코트하는지 시범을 보여 주세요. 아이가 놀이를 할 때는 반드시 옆에서 지켜봐야 합니다.

놀이가 끝나면 안대를 하고 에스코트를 받았던 아이에게 어땠는지 물어보세요. 특히 앞에서 끌어 준 아이가 어떤 점을 잘했는지 얘기하도록 유도합니다. 그 후에 에스코트한 아이에게도 어땠는지 물어보세요. 다음에는 어떻게 하고 싶은지를 비롯해 아이의 의욕과 개선할 점을 확인해 두면 다음 놀이에 활용할 수 있습니다.

Column

신체 이미지는 확장된다

우리는 사물을 손에 들면 그 사물까지 포함해서 자신의 신체 이미지를 인식한다고 합니다. 예를 들어, 테니스 라켓을 손에 잡고 있으면 라켓 끝까지 이미지가 확장되고, 자동차를 운전하는 중에는 자동차 폭을 인식하는 차량 감각이 생깁니다. 덕분에 우리는 라켓과 차를 조작할 때 라켓의 끝을 보지 않아도 공을 칠 수 있고, 여기저기 부딪히지 않고 차를 운전할 수도 있습니다.

사람을 에스코트(유도)할 때도 마찬가지입니다. 자기 신체 이미지와 함께 에스코트할 상대의 신체 이미지까지 인식하게 되는 것이죠. 이 과정에서 고유 감각을 단련하고 상대를 배려하며 상대에게 맞추는 경험을 쌓아 갑니다.

놀이가 끝나고 감상을 이야기하면 놀이 과정을 돌이켜 생각하면서 다음에는 더 잘할 방법도 고민하게 됩니다. 어른은 아이의 의욕과 열정을 인정해 주면서 적절히 힌트를 주세요. 자기중심적인 아이에게 사회성 기술(대인관계 기술)을 가르칠 기회이기도 합니다.

참고하세요!

먼저 어른이 어떻게 에스코트하는지 시범을 보여 주고 아이에게 방법을 가르쳐 주세요. 말을 건네는 방법과 걷는 속도를 아이가 머릿속으로 그리는 것부터 시작해야 합니다. 또한 놀이가 끝나면 에스코트한 아이와 에스코트를 받은 아이에게 각각 어땠는지 감상을 물어봐 주세요.

이런 아이에게 추천해요!

집중력이 약하고 산만해요.

시각 센서 정서 안정 청각 센서

놀이 49 지팡이 돌리기

이렇게 놀아요

먼저 신문지를 세로로 길게 말아서 지팡이를 만들어 주세요. 지팡이가 준비되면 아이 둘과 어른 한 명, 또는 아이 셋이 한 팀이 되어 돌아갈 방향을 미리 정합니다. 각각 자기 지팡이를 바닥에 수직으로 세워서 들어 주세요.

시작 신호와 동시에 모두가 자기 지팡이에서 손을 떼고 옆 사람 지팡이를 잡습니다. 이 과정을 반복하면서 지팡이를 쓰러뜨리지 않고 몇 번이나 잡을 수 있는지 도전해 보세요.

효과와 목적

- 집중력을 높이고 몸을 자연스럽게 움직인다.
- 상대와 타이밍을 맞춘다.

주의 사항

- 왼쪽 옆 사람 또는 오른쪽 옆 사람, 누구의 지팡이를 잡을지 미리 정하고, 돌아가는 방향을 틀리지 않도록 한다.
- 아이들이 준비되었는지를 확인하고 시작한다.

놀이 전에 알아두세요!

무슨 일이든 자기 속도에 맞추어서 하는 아이에게 시작 신호를 외치는 역할을 맡겨서 다른 아이들의 속도를 의식하게 해 보세요. 다른 아이들의 준비 상태에 집중하게 될 겁니다. 놀이 시작 전에 모두 준비되었는지 확인하라고 가르쳐 주세요. 또한 시작 신호를 외쳤을 때 돌아가는 방향을 틀리는 아이가 있다면 바닥에 화살표를 그려서 시각적 단서를 제공해 주면 도움이 됩니다.

응용 놀이

다 같이 지팡이 돌리기

▶ 다 같이 지팡이 돌리기

네 명 이상이 모여서 큰 원을 만들고 각자 지팡이를 듭니다. 시작 신호와 동시에 옆 사람의 지팡이를 잡는 방식은 앞에서 설명한 놀이와 똑같습니다.

인원이 늘어날수록 타이밍을 맞추기 어려워지겠지만 실패해도 상관없습니다. 실패는 다음에는 어떻게 해야 좋을지 고민해서 재도전할 기회라고 생각해 주세요. '실패는 성공의 어머니', '위기는 기회'라는 말을 몸소 체험할 수 있습니다.

참고하세요!

'지팡이 돌리기'는 실패를 통해 배워서 마지막에 성공 경험과 성취감을 얻는 놀이입니다. 친구들과 함께 힘을 모으는 '팀워크 강화 활동'적인 요소도 있습니다. 7장에서 소개한 놀이는 감각통합과 사회성 기술 관점을 조합한 놀이들입니다. 자유 놀이나 단체 놀이에 모두 적용할 수 있으니 적극 활용해 주세요.

이런 아이에게 추천해요!

집중력이 약하고 시지각력이 부족해요.

놀이 50 공 모으기

이렇게 놀아요

준비물
- 공(도장이 찍힌 공 6~10개)
- 종이 접시(6~10장에 공과 똑같은 표시를 해 둔다.)

방 안 여기저기에 공을 던져 놓습니다. 그중에 도장이 찍힌 공을 6~10개 정도 섞어 주세요. 시작 신호와 함께 아이들은 도장이 찍힌 공을 찾습니다. 도장이 찍힌 공을 찾으면 공과 똑같은 표시가 있는 접시에 넣어 주세요. 공을 전부 찾으면 끝나는 놀이입니다.

시작 전에 서두르지 말 것, 친구와 부딪히지 않도록 조심할 것, 친구의 공을 뺏지 않을 것을 약속해 두세요.

효과와 목적

- 무릎과 엉덩이 관절, 다리 관절 근육을 제어한다.
- 놀이에 열중하면서 집중력을 기른다.
- 상대와 거리를 유지하고 서로 소통하는 훈련이 된다.

주의 사항

- 아이들끼리 충돌하지 않도록 조심하면서 주변 안전에 주의한다.
- 친구 공을 뺏거나 친구를 밀치지 않도록 주의를 준다.

놀이 전에 알아두세요!

앉았다가 일어서는 동작을 반복하거나 허리를 굽히고 이동하는 동작은 엉덩이 관절과 무릎, 다리 관절을 제어하는 힘을 키워 주고 자세 발달을 촉진합니다. 도장이 찍힌 공의 수를 늘리거나 도장을 도형이 아니라 숫자로 바꾸는 식으로 응용할 수도 있습니다. 아이의 발달 단계에 따라 공의 수와 크기, 도장을 찍는 방법을 다양하게 적용해 보세요.

이 놀이는 다리의 토대를 튼튼하게 하는 동작이 많은 만큼 2~3세 아이가 하기에도 좋은 놀이입니다.

응용 놀이

국자로 옮기기

▶ 국자로 옮기기

찾아낸 공을 국자에 담아서 떨어뜨리지 않고 옮겨 보세요. 국자를 이용하면 놀이 난이도를 올릴 수 있습니다.

▶ 지시받은 공 찾기

어른은 사과나 귤, 기린과 같이 찾아올 공을 지시하고 아이는 해당 그림이 붙은 공을 찾습니다. 들은 말을 기억하고 움직이는 단기 기억 훈련도 되는 놀이입니다.

참고하세요!

이 놀이는 게임을 즐기며 몸을 유연하게 움직이게 합니다. 또한 여러 가지 물건 중에서 필요한 물건을 찾는 능력인 '도약 안구 운동'을 유도합니다. 도약 안구 운동은 '추적 안구 운동(33쪽 참고)'과 마찬가지로 형체를 인식하고 거리를 파악하며 균형을 잡을 때 필요한 시지각력을 키워 줍니다.

column

분노도 관리가 중요합니다

분노는 누구나 느끼는 감정이며 우리 마음에서 매우 중요한 요소 중 하나입니다. 하지만 자주 느끼고 오래 이어지는 데다 공격성까지 동반한다면 분노는 다스리기 어려운 감정이기도 합니다. 분노를 효과적으로 다스리며 공존하는 방법을 찾으려면 우선 분노가 발생하는 시스템부터 알아야 합니다.

지금까지 이 책을 읽으셨다면 감각이 한쪽으로 치우친 아이는 쉽게 짜증을 느끼고 스트레스를 받는다는 사실을 이해하셨을 겁니다. 분노 관리 이론에서는 아이의 짜증과 스트레스를 '1차 감정'이라고 합니다. 예를 들어, 짜증 나는 감정을 물이라고 생각해 봅시다. 물이 컵 안에 점점 쌓여 갑니다. 컵에 당장이라도 넘쳐흐를 만큼 물이 차고, 마지막 한 방울이 떨어진 순간 와락 넘쳐 버립니다. 이때 넘쳐흐른 물이 바로 '분노'입니다. 갑자기 버럭 화를 내는 것처럼 보이지만 사실은 갑자기 생긴 감정이 아닙니다. 눈에 보이지 않을 뿐이지 분노는 차근차근 폭발할 준비를 하고 있었던 겁니다. 이때 폭발한 분노를 '2차 감정'이라고 합니다. 다시 말해 1차 감정인 짜증과 스트레스가 쌓이고 무언가가 계기가 되어 2차 감정인 분노 스위치가 켜지는 것이 사람이 화를 낼 때 작동하는 시스템입니다.

아이들은 무의식중에 1차 감정을 조절해서 분노라는 감정까지 가지 않도록 하지만, 제대로 조절되지 못하면 결국 분노가 밖으로 터져 나오고 자신은 물론 주변 사람들까지 괴로운 상황에 빠뜨리게 됩니다. 따라서 1차 감정을 얼마나 잘 조절하는지가 중요합니다.

짜증과 스트레스로 이어지는 불쾌한 자극을 조절해 주어야 한다는 생각을 염두에 두고 최대한 환경을 정비해 주세요. 이 책에서 설명한 환경 정비 방법과 아이가 좋아하는 감각으로 안정을 얻는 방법을 참고해서 아이 마음이 2차 감정인 분노에 도달하지 않도록 한 발 먼저 나서 주시길 바랍니다.

아이가 스트레스를 받는 일

☐ 갑작스러운 변화 ☐ 승부에서 졌을 때 ☐ 강한 어조로 지시나 주의를 받았을 때

☐ 자극이 많은 환경에 있을 때 ☐ 실패했을 때

☐ 기타 (   )

* 짜증을 줄이는 배려와 함께 짜증을 가라앉힐 힐링 아이템을 찾아보세요.

놀이 아이템 제공

고타니 데루요

니혼후쿠시대학 출신 작업치료사. 집중 치료 병원과 고령자 시설에서 재활과 특별 지원 교육 담당자로 경험을 쌓고, 현재는 아동 발달 지원 시설 '요쓰바'의 관리자 겸 아동 발달 지원 관리 책임자로 일하고 있다. 발달 지원 전문가이자 발달장애 아동 지원사이다.

사다카네 마사코

주식회사 고콘의 대표이사. 2005년에 가와사키 의료복지대학을 졸업하고 작업치료사가 되었다. 해외에서 발달 지원과 유아교육을 공부하고 돌아와 육아와 발달을 지원하는 전문 회사를 설립했다. 현재는 아이와 부모를 지원하고 아동 보육 시설과 치료 교육 시설 컨설팅에 힘쓰고 있나.

사토 아키코

마~부루 주식회사의 이사 겸 영업부장. 작업치료사이며 2015년부터 아동 발달 지원과 방문 보육 지원을 제공하는 다기능형 복지시설 '마~부루 비토'를 운영하고 있다. 현장에서 일하는 작업치료사로서 현장에 맞춘 발달 지원의 중요성을 전파하고 있다.

그 밖에 도움을 주신 분들

하라구치 메구미(도쿄도립 소아 종합 의료센터) / 사토 미치코(이토시립 후지미 보육원) / 나가미야 치사토(음악요법 그룹 '니지오토 히로바' 대표) / 마키즈미 레이코(음악 교육 강사, 조기 발달 지원 학습회(가코시마)의 대표) / 미즈무라 료타로(사회복지법인 가미나가부치 보육원) / 야마자키 도모유키 / 하토리 마나미, 이토 유키에, 구로쿠즈 마리코(일반사단법인 차일드후드 라보)

참고문헌

〈도서〉

土田玲子(감수), 『感覚統合Q&A 改訂第2版―子どもの理解と援助のために』, 協同医書出版社

木村順, 『育てにくい子にはわけがある 感覚統合が教えてくれたもの』, 大月書店

東根明人, 『楽しみながら運動能力が身につく! 幼児のためのコーディネーション運動』, 明治図書出版

〈웹사이트〉

一般社団法人ビジョントレーニング協会, 「ビジョントレーニングとは」